乐天文豪苏东坡

且将诗酒趁年华

姜 岚·著

中国书籍出版社
China Book Press

图书在版编目 (CIP) 数据

乐天文豪苏东坡 : 且将诗酒趁年华 / 姜岚著 . ‐‐

北京 : 中国书籍出版社 , 2022.10

ISBN 978-7-5068-9215-5

Ⅰ . ①乐… Ⅱ . ①姜… Ⅲ . ①苏东坡（1036–1101）

– 传记 Ⅳ . ① K825.6

中国版本图书馆 CIP 数据核字（2022）第 183644 号

乐天文豪苏东坡 : 且将诗酒趁年华

姜 岚 著

责任编辑	张 娟 成晓春
责任印制	孙马飞 马 芝
封面设计	尚书堂
出版发行	中国书籍出版社
地 址	北京市丰台区三路居路 97 号（邮编：100073）
电 话	（010）52257143（总编室） （010）52257140（发行部）
电子邮箱	eo@chinabp.com.cn
经 销	全国新华书店
印 厂	三河市德贤弘印务有限公司
开 本	710 毫米 × 1000 毫米 1/16
字 数	155 千字
印 张	14
版 次	2023 年 3 月第 1 版
印 次	2023 年 3 月第 1 次印刷
书 号	ISBN 978-7-5068-9215-5
定 价	56.00 元

前　言

"桂棹兮兰桨，击空明兮溯流光。渺渺兮予怀，望美人兮天一方。"

"竹杖芒鞋轻胜马，谁怕？一蓑烟雨任平生。"

……

一代文豪苏轼曾身披月辉，沐浴清风，带着三分醉意在赤壁下扣舷而歌；也曾竹杖芒鞋，笑迎风雨，在旷野竹林中从容前行。

自适的乐天派、孤独的美食家、富有情趣的生活家、理性的哲学家……现代人赋予了苏轼太多的称号，而苏轼也为现代人留下了丰厚的文学遗产和无比珍贵的精神财富。在中国历史文化的图卷中，这位乐天文豪的光芒未曾湮灭，历经千年，反而越发生动清晰。

遥想当年，那个意气风发的年轻人从遥远的眉州千里迢迢、风尘仆仆地赶往繁华热闹的汴京，只想寻到属于自己的一条康庄大道，以实现自己匡时济世的情怀和理想，没想到此后数十载宦海浮沉，人生颠簸，尝遍了酸甜苦辣，亦看尽了悲欢离合。

幸而人生得失总是相互依存、映照，若只是一路顺畅、得意、风光，又如何将人生百味化为余韵无穷、刻骨铭心的佳词警句？若未曾经历过岁月沧桑、世事变迁，又如何看透生活的真相，识得人心的珍贵？诸多的不如意反而练就了苏轼超然旷达的心性。

逆旅人生路，苏轼且歌且行。乌台诗案，他一朝入狱，死里逃生；被贬黄州，他带着家人开荒种田，化为"文人农夫"，怡然自乐；流放惠州、儋州，他亲自动手搭建茅屋，闲暇时酿制美酒、研究美食，著书讲学，播文明于一方……在惊乱的岁月中，他宠辱不惊，随遇而安。

苏轼的魅力正在于此。他睥睨千古，淡然微笑着告诉后人，得意与失意，都是人生的常态，懂得放下，乐观应对，才能更好地前行。

静下心来，读苏轼的诗词，仿佛跨越千年，和这位乐天文豪进行一场灵魂的对话。此时，被城市喧嚣包裹着的我们，也会不禁自问："几时归去，作个闲人。对一张琴，一壶酒，一溪云。"

作　者

2022 年 8 月

目 录

第一章

眉州苏家
一门父子三词客

苏轼，北宋文学大家，字子瞻，号东坡居士，世称苏东坡。东坡美名千古流传。

在我国历史文化长河中，苏轼耀眼而特殊。其诗、词、文、书、画水平均极高，且别具一格。仕途上，他屡遭挫折却始终保持着赤诚爱民之心；生活里，他热爱美食，喜竹嗜茶，是充满情趣的生活家。而他的故事，都要从其生命的起点——眉州开始说起。

巴山蜀水，人杰地灵

人们常把苏轼称为苏东坡，这源于其"东坡居士"的别号。苏轼虽然一生颠沛流离，挫折不断，却始终笑对风云，随遇而安。他潇洒豁达的个性自童年起便已养成，是蜀地的山山水水开启了其心智，淘澄了其性灵。

吾家蜀江上，江水绿如蓝

驾一叶扁舟，自长江逆流而上，穿过三峡，便来到"天府之国"四川。四川省地形复杂，气候宜人，在古代称为"蜀"。有着"千古人文第一州"美誉的眉山市便坐落在四川盆地西南边界，古称眉州。

眉州风光秀丽，文化鼎盛，四海闻名。

"吾家蜀江上，江水绿如蓝。"苏轼多年后回忆起家乡的山水人文，内心既自豪，亦充满温情。眉州自古文风炽热，人杰地灵，在北宋至南宋 319 年间，先后产生了 886 位进士。而"三苏"（苏洵、苏轼、苏辙）誉满天下，更令此地的文学盛况空前。

诗赋传千古，峨眉共比高

宋仁宗景祐三年（1036 年）的冬天，眉州眉山城的一户普通人家里，一个婴儿呱呱坠地。这个婴儿便是后来震惊文坛、才耀千古的大文豪苏轼。传说苏轼出生后，他家乡的彭老山突然间草木枯萎、百花凋谢，而在苏轼去世后，彭老山重又恢复了当初草木丰茂的景象。

据此，当地人深信苏轼是"文曲星下凡"。他诞生时，彭老山的灵秀灌注于其一身，而他离去后，灵秀便又回到了彭老山，使得彭老山重新焕发出生机。宋代的谢维新曾在其作品《古今合璧事类备要》中提到此事，称"东坡生则童，东坡死复青"。

其实，这一类的传说都为后人杜撰，其彰显了人们对苏轼这位乐天文豪的喜爱与敬仰，以及对其旷世奇才的惊叹与向往。有着北宋第一才子美誉的苏轼在文学上的成就十分惊人，其诗恢弘磅礴，与黄庭坚并称"苏黄"；其词豪迈旷达，与辛弃疾并称"苏辛"；其文精练生动，与欧阳修并称"欧苏"。

苏轼"落笔如风雨",其父苏洵、弟苏辙也不遑多让。苏洵尤擅散文创作,行文凝练流畅、雄健有力,而苏辙亦是北宋知名的文学家,在政论和史论等方面佳作迭出,风格独特,自成一派。

后人盛赞苏家父子"诗赋传千古,峨眉共比高","三苏"可以说是四川眉山流传千年、具有代表性的名片。

少年天才，优游成长

苏轼在眉山的灵秀山水间度过了无忧无虑的童年时光。"门前万竿竹，堂上四库书。高树红消梨，小池白芙蕖。常呼赤脚婢，雨中撷园蔬。"（《答任师中家汉公》）每每回忆起童年趣事，苏轼总是津津乐道，心驰神往。

严父慈母，言传身教

苏轼从很小的时候便展现出了过人的文学天赋，而这与他所受到的良好的家庭教育是分不开的。其父苏洵对苏轼、苏辙两兄弟进行了精心的培育，先是教他们识文断字，又送他们去当地的天庆观北极院读书，拜道士张易简为师。在北极院百余位学童里，天资聪颖、才气过人的小苏轼是最受老师喜爱的学生之一。

之后，苏轼兄弟跟随眉山当地有名的学者刘微之学习属对、声律。苏轼天资聪颖，勤奋好学，加上师从名师，因此到了十岁左右，便能写出一些格外出彩的诗词警句，令大人们都惊叹不已。苏洵曾命年幼的儿子作《夏侯太初论》，而年幼的苏轼不慌不忙，挥笔立即写下一篇洋洋洒洒的文章。苏洵读到儿子文章中"人能碎千金之璧，不能无失声于破釜；能搏猛虎，不能无变色于蜂虿"一句时，不禁拍手叫好。

苏洵经常外出游学，哪怕出门在外，他也时刻牵挂着子女的学业和品行教育。每每游学归来，他会饶有兴致地和苏轼、苏辙讲述自己在旅途中的见闻，而两兄弟则围着父亲，听得津津有味。

苏洵游学在外的日子里，教育儿子的责任便落到了苏母程氏的肩上。程氏出身名门，知书识礼，十分重视言传身教。《宋史·苏轼传》中记载，在程氏教年幼的苏轼读《后汉书·范滂传》的时候，苏轼曾问母亲这样的问题：将来自己长大若成为范滂那样的人，母亲是否愿意？

《范滂传》记载的是东晋名士范滂的故事，他因反抗奸佞之辈而招来了杀身之祸，在决心赴死前，年轻的范滂与母亲做了最后的告别，为不能侍奉母亲终老而深感愧疚。而范滂的母亲却完全能够理解儿子的做法，她强忍悲痛，激励儿子要不畏强权、不惧牺牲。

范滂的高洁品性令小苏轼深受感动，他也想成为像范滂一样不

畏奸佞、视死如归的人，于是对母亲提问。听了儿子的询问，程氏
温柔而坚定地回道："若是你能做范滂，难道我不能做范滂的母亲
吗？"程氏的深明大义给苏轼的一生留下了不可磨灭的影响，促使
苏轼日后养成独立人格与正直廉洁、不畏权贵的行事作风。

自然野趣，陶冶性灵

除了读书外，幼时的苏轼爱好广泛，像其他孩童一样对自然
万物有着无穷无尽的探索欲望。那时候，他经常和表兄妹们一起
去菜园、河边或者附近的山林里嬉戏玩耍。见识过四季美景和大
自然的异彩纷呈、壮阔雄伟后，小苏轼的心胸也变得越来越开阔
达观。

少年时萦绕在家中庭院里的鸟鸣花香也让苏轼铭记终生。在
《东坡志林》中，苏轼描写了这样一段童年趣事："吾昔少年时，
所居书室前，有竹柏杂花，丛生满庭，众鸟巢其上。武阳君恶杀
生，儿童婢仆皆不得捕取鸟雀。数年间，皆巢于低枝，其鷇可俯
而窥也。"

意思是说，苏家宅院里竹影婆娑，绿意盎然，每年春夏之际，高
树上经常有鸟雀前来筑巢。程氏一直叮嘱家中侍女和两个儿子不得随
意捕捉、伤害鸟雀，而苏轼兄弟俩也一直谨记母亲的教诲，时间久
了，这些鸟雀变得越来越不怕人，所筑的鸟巢也越来越低，使人轻易

便能观察到鸟巢内的动静。于是，庭院里的花草、树木、绿竹越发葱茏茂盛，各色鸟雀往来纷飞，满庭的鸟语花香将苏家宅院装扮得仿若世外桃源。

自然野趣浸润滋养着苏轼兄弟的心灵，就在满庭"竹柏杂花"的清新香气、鸟雀清脆的啼鸣声中，岁月匆匆而逝，天才少年苏轼也在这片灵秀的土地上悄然成长……

诗词欣赏

望江南·超然台作

苏轼

春未老，风细柳斜斜。

试上超然台上看，半壕春水一城花。烟雨暗千家。

寒食后，酒醒却咨嗟。

休对故人思故国，且将新火试新茶。诗酒趁年华。

赏析

宋神宗熙宁九年（1076年）暮春的一天，苏轼登上密州超然台，极目远眺，内心颇感安宁舒适。眼前的美景令他思念起"江水绿如蓝"的家乡眉州，于是写就此词。

词的上阕主要描述了苏轼登超然台时所见到的景色：细雨微风轻柔地拂过翠嫩的柳枝，无数柳条便在风里、雨里翩翩起舞，远处护城河春水半满，城内春花却竞相盛放，家家户户的房舍掩映在雨影中，影影绰绰。这幅景象令苏轼感叹风光无限好。

词的下阕由景入情，"寒食后，酒醒却咨嗟"进一步点明了苏轼登超然台的具体时间。寒食节是中国的传统节日之一，在清明节之前的一二日。寒食节时禁烟火，节后再重新点火，称为"新火"。而寒食节后的清明节是中华民族最为重要的祭祖大节。此时，苏轼盼着能回归

家乡扫墓祭祖，和故乡亲人团聚，却欲归不能归，这令他内心惆怅，不由得用吟诗作词的方式寄托自己对故乡、故人绵绵不断的思念之情。

词末两句"且将新火试新茶。诗酒趁年华"表现了苏轼虽然无法返回家乡，却能靠着烹煮一杯刚采的新茶来纾解苦闷的心情，展现了苏轼洒脱豁达的性格。

美好暗恋，无疾而终

　　四季交替，节序更迭，时光流逝如白驹过隙，一转眼，苏轼已长大成人。在苏轼成长的过程中，据说他与自己的一位堂妹青梅竹马、两小无猜，感情懵懂纯真。

　　后来，堂妹另嫁他人，苏轼也在父母的安排下早早成婚，两人各自嫁娶，在人生的后半程中极少相见。晚年时，苏轼还在流放途中，突然听闻远在家乡的堂妹的死讯，这一消息令他心如刀割。他在寄给表哥的家书中这样写道："近得柳仲远书，报妹子小二娘四月十九日有事于定州，柳见作定签也。远地闻此，情怀割裂，闲报之尔。"足见苏轼对堂妹逝去的不舍与悲痛心情。

　　后苏轼被赦北归，他风尘仆仆地赶往镇江，来到堂妹的坟前祭奠，并难过地写下一篇悼文《祭亡妹德化县君文》。悼文中赞堂妹品格高洁，"慈孝温文"，并感叹"万里海涯，百日讣闻，拊棺何在？梦泪濡茵，长号北风，寓此一樽"。这篇悼文字字情真意切，十分感人。

现代学界对苏轼与堂妹之间的感情存有争议。有的学者认为两人之间确实存在好感，也有人认为苏轼与堂妹之间只是深厚的亲情。实情究竟如何，如今已难以考证，但可以肯定的是，苏轼与这位堂妹的感情十分亲厚，曾一起度过了美好的少年时光。

宋仁宗至和元年（1054年），十九岁的苏轼迎娶了同乡姑娘王弗。婚后，一对璧人琴瑟和鸣，相敬如宾，感情日渐亲厚，成就了一段爱情佳话。至和二年（1055年），苏辙也在父母的安排下与同里史瞿之女缔结姻缘。次年，苏轼、苏辙兄弟俩辞别妻子，启程赴京，以备科考，苏洵亦陪同前往。

在去往汴京前，父子三人曾来到成都，拜谒当地高官张方平。苏洵向张方平献上了自己以前创作的一部谈论为政之道的作品，张方平读后大加赞赏，有意任命苏洵为成都学官。但苏洵本意并不是为自己谋得一官半职，于是婉拒了这一邀请。在呈给张方平的《上张侍郎第一书》中，苏洵袒露心迹道："闻京师多贤士大夫，欲往从之游，因以举进士。洵今年几五十，以懒钝废于世，誓将绝进取之意。惟此二子，不忍使之复为湮沦弃置之人……"可见，苏洵原本是想得到张方

青神中岩寺唤鱼池畔的苏轼与王弗塑像

平的引荐，为两个儿子的仕途之路做铺垫。

张方平也是爱才惜才之人，他第一次见到苏轼便对他十分器重，读罢苏轼所作文章后更是喜出望外，认定这个年轻人是难得的奇才，便待以国士之礼。为了引荐苏家父子，张方平抛开过往芥蒂，向自己昔日的政敌欧阳修写了一封言辞恳切的推荐信。在当时，欧阳修被尊为文坛领袖，能够得到欧阳修的青睐，是天下文人共同的愿望。而对于张方平的知遇之恩，苏家父子也分外感激。

辞别张方平后，苏洵与两个儿子沿江东下，千里迢迢翻越秦岭后，才得以进入关中。一路上，苏家父子风尘仆仆，虽然身体疲累，却始终兴致勃勃。当他们赶到汴京时，正是宋仁宗嘉祐元年（1056年）的五月初夏时节。父子三人寄宿于僧庙之中，于禅修之地静心研读诗书文章，积极备考。九月，苏轼、苏辙不出意外地通过了举人考试（会试），又为来年的省试、殿试做起了准备。

读书之余，苏洵也会领着苏轼、苏辙在汴京城中四处游览，欣赏名胜古迹，或与京都才子、名士结交往来，以增长见识，丰富阅历。

宋太祖赵匡胤建立北宋王朝时，定都于开封，即汴京城（又称汴梁、东京）。汴京的繁华昌盛自然是地处西南一隅的眉州所不能比的，这令年轻的苏轼大开眼界，而京都名士们的风雅做派也令他颇感新鲜。他兴致勃勃地观察着周围的一切。当时大部分的京都文人也对苏轼、苏辙这两个初来乍到的年轻人颇有好感，尤其是苏轼，他的博闻强记、上佳的口才和不俗的风度都令人印象深刻。

在这期间，苏洵如约拜访了欧阳修，并得到了对方热情的招待。

在看了张方平的推荐信后，欧阳修又读了苏洵早年间写就的一些文章、论著，不由大为激赏。他有感而发，挥笔写下《荐布衣苏洵状》，向宋仁宗举荐了苏洵，自此后，苏洵声名大盛，而这不过是苏家父子震烁文坛的前奏……

苏家父子，名动朝野

在宋仁宗嘉祐二年（1057年）的省试中，欧阳修被任命为主考官，另有若干资历深厚的宿儒、学士等为副考官及阅卷老师，其中包括梅挚、梅尧臣等。参加省考的学子们无不紧张而又兴奋。苏轼和苏辙亦是一边紧张地备考，一边跃跃欲试地等待着那一天的到来。

科考的学生需要半夜起身，准备好干粮，在黎明之前赶赴皇宫之外等候。所谓"无哗战士衔枚勇，下笔春蚕食叶声"（欧阳修《礼部贡院阅进士试》），科考正式开始后，考场内外分外寂静，听不到一丝声响，考生们则奋笔疾书，聚精会神地答题。考生和考官在考试期间均不得离开考场，考试结束后，考官阅卷期间也被严格禁止与外界接触。

苏轼兄弟和其他考生一样，也经历了这一系列严格的考试流程。当考试结束后，苏轼兴奋地放下纸笔，和其他考生一起走出考场的时候，虽满怀自信，却也没想到自己的那篇应试策论能够得到考官的激赏，广受好评，令他一举成名。

苏轼的《刑赏忠厚之至论》起先是阅卷老师梅尧臣慧眼识珠，从一堆同名策论中发现的。此文老道的文笔、深刻的见解都让他印象深刻，便欣喜地将这篇策论上呈给主考官欧阳修。欧阳修读后更是惊喜。当时的文坛深受"五代文弊"的影响，文人们做起文章来要么一味堆砌辞藻，要么着意求新、求奇，而读到苏轼质朴自然、说理透辟的这篇文章，欧阳修只觉得眼前一亮，越读越是爱不释手。

欧阳修本想将《刑赏忠厚之至论》列为第一，但转念一想，这篇文章写得如此精彩，难道是自己的弟子曾巩的作品？曾巩也是当时远近闻名的才子，他自小天资聪颖，十多岁时便能挥笔写就锦绣文章。后曾巩进京拜在欧阳修门下，一直深受欧阳修的赏识。此时，欧阳修越想越怀疑是自己的弟子曾巩作了这篇文章，若是将自己门下弟子曾巩取为第一，难免会被人怀疑是徇私舞弊。思来想去，欧阳修最终决定忍痛割爱，将这篇《刑赏忠厚之至论》列为第二。

省考结束后，合格者需参加礼部复试，再参加由宋仁宗亲自主持的殿试，经过层层选拔，方能脱颖而出。苏轼、苏辙兄弟一路过关斩将，双双金榜题名，同科进士及第。宋仁宗对苏轼、苏辙的殿试表现很是赞赏，读罢两人文章后更是欣喜异常。据说殿试结束后，宋仁宗兴奋地回到后宫，对皇后说："朕今日为子孙得两宰相矣！"

经过此次科考，作为新科进士，苏轼兄弟和主考官欧阳修之间便有了师生的名分和情谊。事后，苏轼与苏辙按照惯例，专门拜谒欧阳修以示敬意。而初见这位文坛泰斗的场景令苏轼多年后仍历历在目。在《祭欧阳文忠公夫人文（颍州）》中，苏轼这样写道："公为拊掌，欢笑改容。此我辈人，余子莫群。"意思是说，苏轼第一次见欧阳修的时候，欧阳修激动地拍手鼓掌，喜笑颜开，赞赏苏轼这个年轻后生是自己的同类人，而其他人却无法入自己的眼，无法与之为伍。

当初看到进士榜后，欧阳修这才恍然大悟，明白那篇《刑赏忠厚之至论》原来是那位叫苏轼的年轻人所写。此时他见到苏轼，不由得敞开心扉道："我老将休，付子斯文。"意思是说自己已经老了，要将文章之道传授给苏轼，希望他能接续自己担负起文坛重任。在读罢苏轼呈上的《谢欧阳内翰书》后，欧阳修更是感叹后生可畏。后来他在写给梅尧臣的书信中写道："快哉，快哉！老夫当避路，放他出一头地也。可喜，可喜！"还笃定未来的文坛必将属于苏轼。

在欧阳修的热心引荐下，苏轼先后拜见了当时的宰相文彦博、枢密使韩琦等朝中重臣，这些人读过苏轼的文章后，都对其赞赏不已、青睐有加。随着苏洵、苏轼、苏辙父子三人文名大盛，一时间，眉州苏家家风毓秀的名声亦传遍朝野……

三苏像

母亲病故，蛰居故乡

　　就在苏轼兄弟双双中举、名动京师的时候，噩耗突然传来，令苏家父子三人惊愕良久，悲痛不已。原来是苏母程氏因积劳成疾而一病不起，没过多久就撒手人寰。苏洵悲痛之余，立马带着两个儿子踏上了返乡的路程。他们出发得如此仓促，甚至来不及告知汴京的亲朋好友们。旅途漫长，劳累奔波之苦和丧妻之痛几乎击垮了苏洵，幸而两个儿子一直陪伴在身旁，殷勤服侍着、耐心宽慰着父亲。

　　等到父子三人千里迢迢终于回到家乡时，眼前"屋庐倒坏，篱落破漏"的凄凉一幕却令他们愁容满面，心情越发沉重。苏洵曾在《与欧阳内翰第三书》中感叹，他们父子三人离家许久，家中"无壮子弟守舍"，渐渐房屋损坏、四处破败如"逃亡人家"。

　　归来后，苏洵在眉山城东为亡妻挑选了一块坟茔，并含泪写下一篇悼念亡妻的祭文，文中说自己"归来空堂，哭不见人。伤心故物，感涕殷勤"。字字恳切，感人肺腑。

苏轼和苏辙也无时无刻不在思念着母亲，想到母亲在世时的音容笑貌便伤心不已。原本他们的宦途即将开始，如今因为要为母亲居丧而不得不暂时蛰居故乡，但他们并不感到可惜，只是深切怀念着母亲的一切。京都的繁华喧闹渐渐远离，故乡的山山水水抚慰着他们的心灵……

诗词欣赏

入峡（节选）

苏轼

自昔怀幽赏，今兹得纵探。长江连楚蜀，万派泻东南。

合水来如电，黔波绿似蓝。余流细不数，远势竞相参。

入峡初无路，连山忽似龛。萦纡收浩渺，蹙缩作渊潭。

风过如呼吸，云生似吐含。坠崖鸣窣窣，垂蔓绿毵毵。

冷翠多崖竹，孤生有石楠。飞泉飘乱雪，怪石走惊骖。

绝涧知深浅，樵童忽两三。人烟偶逢郭，沙岸可乘篮。

野戍荒州县，邦君古子男。放衙鸣晚鼓，留客荐霜柑。

闻道黄精草，丛生绿玉篸。尽应充食饮，不见有彭聃。

赏析

　　此诗为五言长篇排律，写于宋仁宗嘉祐四年（1059 年）。首二句"自昔怀幽赏，今兹得纵探"说的是苏轼倾慕三峡风光已久，今朝终于有机会得以深入探访三峡。后面的诗句分别刻画了三峡的秀丽风光和峡中百姓的简陋生活以及入峡时的艰难险阻等内容，末尾六句则用"我"的局促、不自由与飞鸟、山鹰脱离人世烦恼，终日盘旋高空、肆意飞翔的逍遥畅快形成对比，意境开阔，立意深刻。

　　嘉祐元年（1056 年）苏轼第一次和父亲、弟弟出川时走陆路经剑门关穿越秦岭，并未有机会游览三峡美景。三年后能够得偿夙愿，令他兴奋不已，于是作此诗记载此次旅途中的见闻，抒发自己对大自然的热爱、对自由的追求和对人生意义的思索。

　　青年时期的苏轼"奋力有当世志"（《东坡先

生墓志铭》）。因怀抱着济世救民的高远志愿，这一时期的他所创作的诗词文章大多积极向上、清新豪健，洋溢着乐观主义情怀，这篇《入峡》便是其中的杰出代表。总体而言，全诗情景交融，脉络清晰，层次分明，气势开阔，有着非凡的艺术表现力。清代诗人王文诰对这首诗给予了很高的评价："通幅整暇，自能入妙。"清代纪昀亦盛赞道："刻意锻炼，语皆警峭，气局亦宽然有余。"

第二章

初仕凤翔

一入宦途深如海

凤翔是苏轼仕途的起点，意气风发的苏轼在这里兢兢业业，解百姓"衙前"之苦，还为百姓登山求雨。

　　闲暇之余，苏轼与好友游山玩水，吟风弄月，与妻子相敬如宾，内外相携，生活好不惬意。

　　然而生活总不会一帆风顺，凤翔的时光愉快而短暂，回到京师后，随着妻子、父亲先后离世，巨大的打击接踵而至。但人生的不如意并未击垮苏轼，他将悲痛藏在心底，振作精神后便昂首阔步，坚定前行。

新官上任，
贤良爱民

宋仁宗嘉祐六年（1061年），苏轼与苏辙在制科考试中分别取得优异成绩，二人也分别获得仁宗的任命，正式开启仕途生涯。苏轼被授予大理评事，到凤翔任签判一职，弟弟苏辙被任命为商州军事推官，二人品级相同，但苏辙因为要侍奉父亲，所以延迟了上任时间。

兄弟别离，依依不舍

是年十一月，苏轼前往凤翔赴任，苏辙前来送别兄长。苏轼与苏辙向来兄弟情深，二十多年来一直未曾有过分离，想到此次一别不知何时再见，二人都依依不舍。苏辙从汴京一路送出一百多里直到郑州。然送君千里终有一别，苏辙与苏轼分别后，独自骑马回程，苏轼只能登高回望看着苏辙的乌帽在山峦间时隐时现。回忆起几个月前二人一起在风雨夜挑灯夜读的情景，苏轼只能在马背上慨叹"寒灯相对记畴昔，夜雨何时听萧瑟？"

眼见弟弟的身影渐渐消失在远处，苏轼怅然若失，随即又强打精神，调转马头，向着凤翔的方向疾驰而去……

为官爱民，尽职尽责

宋仁宗嘉祐六年（1061 年）十二月，在与弟弟苏辙分别一月后，苏轼终于到达凤翔。凤翔位于陕西省，乃是大宋与西夏交界之地，是当时的边防重镇。多年来凤翔一直受到西夏军的侵扰，土地荒芜，民不聊生。苏轼一路走来，见到人民生活贫苦，日子过得十分艰难，便立志做好地方官，改变百姓贫苦的生活现状。而苏轼在凤翔任职期间，确实做到了尽职尽责，让当地人民的生活状况得到了改善。

保障皇家用木的供应是苏轼在凤翔担任签判时的一项重要事务。皇家用木取自终南山上的优质木材，木材沉重，为了节省人力，加快运送效率，木材就需要使用水路运输。"衙前"（宋朝负责运送和供应官府物资的一种职役）将木材编成木筏，顺渭水而下入黄河，最后漂流至汴京，再运往皇城。此段水路途经三门峡砥柱，那儿激流涌动，水下遍布暗礁，木材途经此地常常丢失损毁。

木材由衙前运送，而衙前通常是被朝廷征召的提供义务劳动的百姓。大宋衙前役法规定，如果丢失官府物资，衙前要自己赔偿，一些百姓本就生活艰难，再加上赔偿常常导致倾家荡产，日子过得苦不堪言。

苏轼了解了情况后，便向当朝宰相反映了运输木材的现状，同时他亲自参与调查，发现在渭水、黄河河水上涨时木材的丢失率更高，因此他上奏希望允许衙前灵活选择时间运送木材。他的方案得到了朝廷的支持。从此以后，衙前先考察水情再决定运送木材的时间，木材的运送成功率果然大大提高，百姓的负担得到缓解。

凤翔历史悠久，人文古迹众多。苏轼到任凤翔府后，将大部分的时间都投入本职工作，为了民生福祉终日奔波忙碌个不停，偶得闲暇，他也会饶有兴致地与妻子一起精心设计、装扮官舍，或寄情山水，遍赏名胜古迹。

装扮官舍，游历山水古迹

苏轼的官舍并不豪华，只是一个种着几株小树的院子，但是他热爱生活又充满活力。他与妻子王弗将小院精心设计打理了一番，使得小院内绿植繁盛，四季有花。苏轼还在院内造池养鱼，让原来单调的小院充满生机，甚至还吸引了小鸟光顾，为小院更添朝气。苏轼闲时在温馨的小院内品茶赏月、饮酒对诗，好不惬意。

苏轼生性豁达，喜游山玩水，而凤翔恰有诸多名胜古迹。他曾到孔庙看石鼓，那些石鼓乃是秦国遗物，石鼓上刻着古老的铭文。唐朝韩愈曾作《石鼓歌》，感叹"孔子西行不到秦，掎摭星宿遗羲娥。嗟余好古生苦晚，对此涕泪双滂沱"。石鼓上的字玄妙难解，韩愈对着石鼓文而不识只能涕泗滂沱，而苏轼亦不能解，他再作《石鼓歌》并感慨"韩公好古生已迟，我今况又百年后"。

苏轼感佩昔日司马迁和李白不远千里寻访古人遗迹，感慨如今来访古迹之人多是附近之人，位于千里之外的人想寻访古迹自是难上加难，于是他将自己在凤翔游览的八处古迹记录为诗（分别为石鼓、诅楚文、王维吴道子画、杨惠之塑维摩像、东湖、真兴寺阁、李氏园、秦穆公墓），整理成《凤翔八观》，以供他人传阅。

凤翔是苏轼仕途的第一站，在任凤翔期间，年轻的苏轼终于有机会将抚国济民的理想化为现实，为苍生求福祉，为百姓谋安定，而这一番历练也让他逐渐走向成熟……

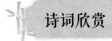

诗词欣赏

和子由渑池怀旧

苏轼

人生到处知何似，应似飞鸿踏雪泥。

泥上偶然留指爪，鸿飞那复计东西。

老僧已死成新塔，坏壁无由见旧题。

往日崎岖还记否，路长人困蹇驴嘶。

赏析

　　嘉祐元年（1056年），苏洵、苏轼、苏辙父子三人离开四川，赶赴汴京，途中曾在渑池（位于今天的河南省）的寺庙中借宿。后嘉祐六年（1061年）苏轼风尘仆仆赶赴凤翔就任时，再次路过渑池时想起当年往事，又想起其弟苏辙曾作《怀渑池寄子瞻兄》一诗，遂有感而发，写下这一应和之作，后这首诗成为公认的七律名篇。

　　全诗前四句将人生行迹比喻成"雪泥鸿爪"，道出了作者关于人生的深思与喟叹：人的一生虽然奔波辛苦，却像那飞鸿一样只是在雪地上留下了几处浅淡的爪痕，当飞鸿远去，无人知道也无人关心它究竟是要飞向何方。苏轼从生活中随处可见的情景出发，表达了自己对岁月匆匆、世事无常、人生漂泊无依的感叹，发人深省。

　　后四句则先用故去的"老僧"、无处可寻的
"旧题"来将"雪泥鸿爪"的感慨具体化，尾联则
抒发了作者对于往事的追忆。全诗一气呵成，自然
流畅，超凡脱俗，意境开阔，既有诗人对往事的追
忆与眷念，又包含了诗人对邈远未来、无常人生的
迷茫与惆怅。

虔
诚
求
雨
，
对
论
神
鬼

忙时埋头公务，闲时寄情山水，对于年轻的苏轼而言，这段凤翔
仕途时光无疑是十分充实而有意义的。在苏轼任职凤翔期间，也曾发
生过不少有意思的事，比如他曾为百姓登山祈雨，祈求神灵护佑，并
因此写下散文名篇《喜雨亭记》。在几年后调离凤翔途中，不惧神鬼
的他也曾慷慨激昂地对论"神鬼"，以理辩之，尽显忠直正气。

为解旱情，亲赴太白

宋仁宗嘉祐七年（1062 年）是苏轼到凤翔任职的第二年。是年
春天，正值庄稼生长的季节，当地却久未下雨，如果持续干旱下去，

百姓的庄稼就要旱死了。

作为凤翔府判官，一向爱民的苏轼对此也十分着急。古时人们信奉神灵，因此苏轼决定亲自为民向神灵求雨。

在凤翔城南有一座太白山，是当地最高的山峰，相传掌管风雨的山神就住在太白山上的庙宇里，那里也是苏轼此次前去求雨的目的地。苏轼为表虔诚，先是与陈太守斋戒三日，然后就携带着供品向太白山出发了。

苏轼为了祈雨，专门写了一篇《凤翔太白山祈雨祝文》。在文章中，他对山神言明雨对于当地百姓的重要性，如果不下雨，麦禾没有收成，人们没有吃的，就会盗贼四起。说来也巧，几天之后，凤翔就下了一场雨。又过了一些天，凤翔接连下了三天大雨，解了凤翔旱灾。苏轼自然喜不自胜，恰逢他的官舍北面的亭子建成完工，于是给亭子命名为"喜雨亭"。苏轼还专门写了一篇散文《喜雨亭记》来记述为该亭命名的缘由。

与鬼神对峙，以理辩之

根据《师友谈记》的记载，在苏轼离开凤翔回京的途中曾发生过一件趣事，充分体现了苏轼勇敢无畏的性格。

苏轼一行人途经山路时，随行的一个士兵忽然扔掉行李，发疯似的脱起了自己的衣服。苏轼命人将其绑起来，士兵不停地挣扎着，双目圆睁，其余士兵纷纷猜测这是山神在施加惩罚。

苏轼觉得如果真是山神作怪，那他倒是要找山神讨个说法，于是便跑到山庙中与山神对峙，认为有那么多大奸大恶之徒，山神不去惩罚，为什么却要惩戒一个对山神来说弱如草芥的士兵。一番理论过后，苏轼走出庙宇，忽然狂风大作，飞沙走石，但是苏轼毫不畏惧，坚定向前，过了一会儿，风渐渐停了，那个失智的士兵也清醒了过来。

苏轼为百姓虔诚地登山祈雨，体现的是他初心不改的民本情怀，而他无所畏惧地与鬼神对峙，也将他潇洒豪迈、无所畏惧的人格魅力展示得淋漓尽致，这些都令后人神往不已。

凤翔喜雨亭

结怨结缘，
是是非非终有果

认清一个人往往需要花费很长时间，有时可能穷极一生才能真正看透一个人。在苏轼的漫漫人生中，遇到过很多人，经历了很多事，但当时身在其中却无法辨明。这一点，从苏轼任职凤翔期间与陈希亮、章惇等人的交往中便可见一斑。

是缘还是怨，日后见分晓

仁宗嘉祐八年（1063 年）正月，凤翔来了一位新的太守陈希亮（字公弼）。

陈太守是进士出身，为人严厉，治下有方，刚正不阿，曾经严惩贪官污吏，打击盗贼，在各个地方任职时均为百姓办实事，因此受到百姓爱戴，深得朝廷信任。苏轼满腹才学，在制科考试中拔得头筹，年轻气盛，个性张扬。二人性格迥异，一起共事难免会产生一些摩擦，因此，虽然陈太守也是眉州人，与苏轼为同乡，但一开始二人相处得并不愉快。

一些手下为了巴结苏轼，便称苏轼为"苏贤良"，这一称呼恰巧被陈太守听到，陈太守怒道："府判官何贤良也！"（一个小小的府判官能称得上什么贤良！）陈太守不仅怒斥了手下，还不留情面地命人将他们痛打了一顿。

让苏轼感到不满的是，陈太守常常擅自改动他所写的奏文，而且有时候苏轼去求见陈太守时，陈太守也故意将他晾在门外，让他等待许久。苏轼时常为这些事情感到郁闷，认为陈太守是在故意刁难自己。妻子王弗却劝解苏轼，陈太守并非不明事理之人，且治理有道，凤翔各个县在他的治理下百姓生活安定，故意严厉对待你可能是为了磨你的性子。

事实证明，在凤翔期间，苏轼虽与陈太守之间存在摩擦，但陈太守其实并不是斤斤计较之人。

仁宗嘉祐八年（1063 年），陈太守在凤翔的太守公馆里建造了一个筑台，起名"凌虚台"，用以观山览景，并让苏轼写一篇文章刻到石碑上以作纪念。

苏轼写了《凌虚台记》，在此文中他先是说"太守之居，未尝知有山焉"，意思是说陈太守居住凤翔，却不知道离凤翔最近最高的钟南山，实在让人感到不可思议。接着描述了太守筑台的过程，"见山之出于林木之上者，累累如人之旅行于墙外而见其髻也"。最后写道："物之废兴成毁，不可得而知也。"

本来是为刚建好的筑台写文庆祝，却被苏轼大讲废兴之理"夫台犹不足恃以长久，而况于人事之得丧"。虽然苏轼借机在文中挖苦陈太守，但是陈太守却将文章原封不动地刻到了石碑上，可见陈太守并非心胸狭隘的小人。

离开凤翔后，苏轼也时不时回想起与陈太守之间发生的种种不愉快的事情，他渐渐明白陈太守对自己的"百般刁难"正是如王弗所说的，其实是对自己的一种劝诫与警醒。陈太守是希望初出茅庐的自己能韬光养晦、磨炼心性。明白了陈太守的这番苦心后，苏轼恍觉"方是时，年少气盛，愚不更事，屡与公争议，至形于言色，已而悔之"。

在人生的后半程，历经人世沧桑的苏轼与陈太守情谊愈深，在陈太守去世后，苏轼还写了长篇墓志铭悼念他，字里行间满是感激之情。

路遥知马力，日久见人心

看清一个人的本性可能需要花费一生的时间，与陈太守的相交如是，与章惇的相交亦如是。在凤翔期间，苏轼结交了一位朋友——章惇。章惇时任陕西商州太守，距离凤翔不远。

　　章惇，字子厚，与苏轼是同科进士。章惇为人豪爽，文武兼备，二人初次见面就一见如故，十分投缘，并一起游览了南山寺庙。山中时常有山魈出没，一般人都不敢在寺内留宿，但章惇十分胆大，不惧山魈，时常在庙中留宿。

　　野史中曾记载了这样一件事。苏轼与章惇曾同游仙游潭，潭下面是万丈深渊，只有一根细细的独木桥连接两岸。章惇鼓动苏轼到对面的崖壁上题字，苏轼不敢过桥。却见章惇信步跨桥，用绳索系到树上，神色泰然，在对面崖壁上写下"章惇苏轼来游"，随后又轻松自如地从独木桥返回。经过此事，苏轼由衷感叹章惇胆大、勇猛。那段时间，两人一同饮酒、出游，关系越发亲密起来。

　　苏轼曾给予章惇极高的评价："轼始见公长安，则语相识，云：'子厚奇伟绝世，自是一代异人。'至于功名将相，乃其余事。"而章惇对苏轼的文才和人品也是满心佩服，两人的友谊一直持续了很长时间。在"乌台诗案"中，章惇曾为苏轼仗义执言，在苏轼入狱时，也曾为苏轼多方奔走。苏轼后来感激地说："子厚救解之力为多。"

　　但人生起伏，谁也没能料到，章惇在日后竟然会成为苏轼的政敌，一对密友也因此走向分裂。苏轼后来流放各地，背后的推手之一正是章惇。

　　当初与章惇谈天论地、结伴相游时，苏轼怎么也不会想到他身边的这位密友几乎主导了自己人生后半程的坎坷波折。多年后，每当苏轼回忆起往事，总是不胜唏嘘，叹人心难测、人世间变幻无常……

1064 年，宋朝进入英宗时代，一年后，即宋英宗治平二年，在凤翔任职满三年的苏轼携妻儿回京。苏轼通过考试后被授予直史馆一职，主要工作是编修国史。这份工作与珍本、手稿和名画为伴，于苏轼而言，虽无实权，但实是一份美差。回到汴京，苏轼与父亲、弟弟一家人得以团聚，本应工作顺遂，生活美满，然而厄运却悄然而至。

贤妻内助，溘然离世

宋英宗治平二年（1065 年）五月，苏轼的妻子王弗因一场大病而撒手人寰，永远离开了苏轼。王弗在二十六岁的韶华之年去世，给这个家庭带来沉重的打击。

苏轼十分重情，可他的感情之路却走得异常坎坷崎岖。在其一生中，他曾与几位女子结下不解之缘，而第一任妻子王弗则在他的生命中占据着极其重要的地位。起初，他们的相遇并没有那么多的传奇插曲，只是最简单的"父母之命、媒妁之言"，但婚后，二人却在日常的相处中谱出一份难得的默契，夫妻二人伉俪情深。

王弗出身于书香门第，"敏而谨，慧而谦"，是远近闻名的大家闺秀。嫁给苏轼后，为了让丈夫能安心在外处理公事，精明能干的王弗将家事打理得井井有条。

王弗从未向丈夫说起自己读过哪些书，当苏轼勤奋苦读时，她却总是默默地陪伴在一旁，为丈夫添茶送水、剪烛磨墨。苏轼背书时偶有遗忘，王弗便在一旁轻声提醒，这让苏轼大感意外。有一次，他特意挑了几本书饶有兴致地考问妻子，没想到妻子温柔地笑着，只说自己"略微知道"。见妻子腹有才华，聪慧过人，却处处温良谦谨，苏轼十分感动，此后对妻子愈发敬重。

苏轼初来凤翔任职，王弗提醒他"子去亲远，不可以不慎"。她知道丈夫生来心性直爽，不拘小节，没有父母时常在身旁提醒与叮嘱，难免会产生疏漏，于是不时劝诫丈夫谨慎处事。

家里有客时，王弗也常常在屏风后驻足倾听。一次，苏轼送客后，王弗对他说："某人也，言辄持两端，惟子意之所向，子何用与是人言。"一些人为了办事亲近苏轼，与苏轼套近乎，王弗则提醒苏轼："恐不能久，其与人锐，其去人必速。"后来事实证明王弗果然是对的。王弗具有识人之明，她与苏轼相辅相成，是苏轼的贤内助。

如此的神仙眷侣却没能白头偕老，王弗的突然离去让苏轼悲痛欲绝，即便阴阳两隔，王弗也常常进入苏轼梦中。"夜来幽梦忽还乡，小轩窗，正梳妆"，梦里的一切还是那么美好，然而现实却是"千里孤坟，无处话凄凉"，梦中的欢聚只能让醒来后的苏轼愈发觉得悲凉。

苏轼长久地郁郁寡欢，沉浸在妻子骤然离世的苦痛里。然而，命运对苏轼的考验还不止如此。

严父深恩，与世长辞

宋英宗治平三年（1066 年）四月，五十七岁的苏洵病逝。苏洵病逝的消息传出，朝廷上下无不惋惜。宋英宗赠予金帛，但苏轼拒绝了，他向宋英宗请求为父亲追授官爵以了心愿，于是宋英宗追授苏洵光禄丞的官职，并准许以官船运其灵柩回眉州故里。

苏轼将父亲和妻子葬于眉山东侧，与母亲葬在一处。父亲去世，苏轼辞去官职，在丁忧期间，苏轼带着年幼的苏迈在眉山上"手植青松三万栽"，让这常青绿树陪伴着亲人的英灵。

为了纪念父亲，苏轼还为父亲建了一座庙，庙内悬有父亲的遗像，以及苏轼在凤翔时得的吴道子画的佛像。

江城子·乙卯正月二十日夜记梦

苏轼

十年生死两茫茫。不思量，自难忘。千里孤坟，无处话凄凉。纵使相逢应不识，尘满面，鬓如霜。

夜来幽梦忽还乡。小轩窗，正梳妆。相顾无言，惟有泪千行。料得年年肠断处，明月夜，短松冈。

赏析

这首悼亡词作于宋神宗熙宁八年（1075年），表达了苏轼对于第一任妻子王弗的沉重思念和深厚情感。王弗在风华正茂之年过早地离开人世，这对于苏轼而言是一个无比沉痛的打击。当他在多年后的某一天夜里突然梦见亡妻时，还是心痛如绞，止不住地泪如雨下。

此词上阕描述了"千里孤坟"的凄凉场景，直接抒情，悲切感人。"纵使相逢应不识"等句将现实与幻想交织在一起，既体现了诗人对亡妻的刻骨怀念，又点出了诗人此时沧桑的容貌与心境。

下阕则具体地描述了作者的梦境，一句"相顾无言，惟有泪千行"正突出了苏轼的笔力奇崛、不同凡俗，只因那种静默无言的气氛会更令人感到无尽的怅惘与凄凉。末尾三句，作者笔锋一转，虽从

凄清幽独的梦境跳脱开来，回到现实，但现实中却弥漫着愈发浓郁的思念，令人苦不堪言。

这首悼亡词是苏轼的代表词作之一。苏轼运用白描、虚实结合等艺术手法将自己与王弗之间的夫妻情感刻画得无比真挚而深婉，令人读后感动不已。

出川赴京，永别故乡

宋神宗熙宁元年（1068 年）十二月，苏轼、苏辙带着家眷离开家乡眉州，再次踏上了前往汴京的路程。

此次出川，苏轼的身边多了一位女子——温柔贤惠的王闰之。就在这一年的夏天，服丧期满的苏轼与王闰之结成夫妻。王闰之是苏轼第一任妻子王弗的堂妹，性情温良、敦厚，自与苏轼成婚后，一直默默操持着家中事务，事无巨细地打理着丈夫的日常生活，令苏轼颇感欣慰。

让苏轼没想到的是，自熙宁元年出川赴京后，他与故乡一别竟是一生，此后漫长的岁月里，他漂泊天涯，却再也没能回到家乡。

在《寄蔡子华》这首诗中，苏轼追忆道："故人送我东来时，手栽荔子待我归。荔子已丹吾发白，犹作江南未归客。"描述的是他和弟弟携家眷离开眉州前，亲朋好友们齐聚一堂为他们送行的情形。

　　那一年临行前，苏轼兄弟将家乡老宅和其他事物的照管事务托付给了亲朋和邻里。大家为他们送行时，共同栽下一棵荔枝树，盼着苏轼、苏辙能携家人早日回归故里，与亲朋好友们相聚。

　　这首《寄蔡子华》作于北宋元祐五年（1090年），距离熙宁元年已有二十多年，此时的苏轼两鬓已染上"轻霜"，眉间也添了几许沧桑，客居在江南的他无比思念家乡，亦时时感叹故乡的亲朋渐远，旧交零落。回想那一年，三十出头的他志存高远，对未来有着无数的畅思与寄望，而时光不可逆转地奔涌向前，从此眉州的山山水水都只能在梦中寻见……

第三章

风起云涌

光阴辗转话流年

从年少得志、高中进士开始，一直到入朝为官、卷入变法漩涡，苏轼一路历经繁华与挫折。

眉山、汴京、杭州、密州、徐州，在人生的旅途中，苏轼的诗情越发雄浑磅礴，心胸和格局也越发宽广开阔。他的脚步虽偶有停歇，可不羁的灵魂却一路栉风沐雨，始终自由驰骋于天地之间。

宋熙宁二年（1069 年）二月，苏轼兄弟携家眷回朝任职。光阴辗转，此时的苏轼已到了而立之年，原以为这次回到朝廷正该施展才华、实现抱负，而前方等待他的却是一场前所未有的政治风波。

变法缘起

苏轼回到朝廷后面临的政治风波正是中国历史上著名的王安石变法，这次变革旨在改变大宋积贫积弱的现状，挽救危机四伏的宋王朝。早在宋仁宗年间，王安石就曾上书仁宗皇帝，阐述自己的变法主张，但并未被采纳。

宋英宗治平四年（1067年），英宗驾崩，年轻的宋神宗继位。宋神宗是一位锐意进取、胸怀大志的皇帝，他不满大宋积贫积弱的现状，想通过一系列措施达到富国强兵的目的。然而，改革绝非易事。他一向仰慕王安石，对王安石的变法主张也十分认同，于是王安石就成了推行变法的最佳人选。

王安石是极富才华之人，他在中国文学史上有很高的成就。然而王安石一生的抱负是通过变法挽救危亡的大宋王朝，实现自己的政治理想。他在鄞州为官期间，就采取了一些新政，在地方上卓有成效。宋神宗熙宁元年（1068年），王安石回到朝廷，他的变法主张得到了宋神宗的支持，君臣同心，一场变法的大幕即将拉开。

王安石主张变法的原因是多方面的。

自宋朝开国以来为了加强中央集权，军队的管理上采取"兵将分离"的制度，通过调防武将避免出现拥兵自重的局面。如此一来，为了保证军队战斗力就需要招募更多士兵，致使军费开支巨大。

宋朝重文轻武，文官掌握了朝廷的实权。朝廷为了防止权力集中，采取分散权力、互相牵制的策略。具体方法就是在一个部门设置多个官员，这样官员们就能互相监督。然而这种行政机构导致资源浪费，效率低下，耗费巨大的财政。

另外，宋朝一直处在辽、西夏等少数民族政权的威胁之下，为了得到短暂的和平，不得不每年向辽和西夏缴纳岁币和大批物资，这对于大宋王朝来说又是一个沉重的负担。

在现实的财政、军事压力之下，百姓的赋税越来越沉重，财政赤字日益显现，而军队的实力却越来越弱，如果不进行以富国强兵为目的的改革，大宋王朝岌岌可危。在这种局面之下，轰轰烈烈的变法运动开始了。

新法推行，党争渐起

宋神宗熙宁二年（1069 年），王安石被朝廷任命为参知政事，主持变法事宜。王安石变法涉及政治、军事、经济、文化等各个方面，是一次全面的改革运动。为了达到富国强兵的目的，推行了青苗法、募役法、农田水利法、方田均税法、均输法、市易法、保甲法、将兵法等法令，同时为了选拔人才还对科举制度进行改革，对太学进行整顿，提倡唯才用人。

新法的推行引起了轩然大波，王安石面临着巨大的阻力，因为新法触动了保守派的利益，王安石想用雷霆万钧之势迅速实施新法的行为更是遭到了以司马光为代表的保守派的强烈反对。

变法派认为应该打破旧的规矩迅速推行新法才能有成效，保守派则认为祖宗之法不能变，朝廷的问题应该慢慢解决。新法推行的政策要国家以行政手段监管经济，也就是进行宏观调控，这样就会直接触犯到保守派的利益，因而变法之初就困难重重。

尽管王安石推行变法面临着巨大的压力，但他变法图新的决心从未动摇。朝廷内的老臣对变法多有不满，但皇帝支持变法让他们无可奈何，朝堂之上有的人一声不吭，有的人长期告假，每当新法推行中出现了问题，保守派便会趁机拆台、提反对意见，久而久之，便形成了不同的政治派系。原本为国家社稷着想的变法运动，逐渐演变成了剧烈的政治斗争。

王安石是一个个性执拗、我行我素的人，虽然新法遭受了诸多非议、攻击，但他从未改变过立场，始终坚信通过变法能够让大宋王朝变得强大，因此他也被人嘲讽为"拗相公"。变法过程中朝廷的一些官员采取消极抵制的态度，有的自求外放，有的被罢免，王安石不得不起用一批新人帮助他完成变法大业。这些新人资历尚浅，一心往上爬，变法机构鱼龙混杂，一些善于钻营、投机取巧的小人混入其中，逐渐造成了混乱的政治局面。

与"拗相公"对抗

就在王安石变法进行得如火如荼之际，苏轼、苏辙兄弟守丧期满回到朝廷，苏轼任职殿中丞、直史馆，并且要负责为官员颁发授官凭证的工作。苏轼得知王安石的各项变法主张，立刻坐不住了，他认为王安石推行的变法举措过于激烈，会对社会产生很大的消极影响，于是公开反对新法。

苏轼反对王安石变法原因是复杂的：他不同意王安石过于激进地推行新法，认为变法应该循序渐进，逐步改良，最终达到消除弊端的目的；他看到新法推行过程中出现了诸多弊病，认为新法产生了新的社会问题，同时变法过程中用人不当，不会取得好的结果。此外，苏轼与诸多保守派老臣关系非同一般，这也间接对其政治立场产生了影响。

但苏轼反对变法并不是像保守派一样认为应该维持现状，他反对的是变法过快、过急，这样不利于国家的稳定和社会的发展。他希望能够制定出和风细雨式的良法美制，将改革过程中对社会的消极影响降到最低。

一向心直口快的苏轼在官场上从不遮掩，他多次指出王安石变法的弊端，并且给宋神宗上了多封奏章，陈述变法带来的一系列问题，明确表明了自己反对变法的态度。对此，王安石大为恼火。王安石对于苏轼的才华是非常认可的，但是他没有想到苏轼会成为变法道路上的一股最强劲的反对力量，所以他总是想方设法削弱苏轼的影响力，这样保守派的声音就会小一些。

苏轼也不甘示弱，他总在各种场合表示对新法的反对，他曾写过一首诗："杖藜裹饭去匆匆，过眼青钱转手空。赢得儿童语音好，一年强半在城中。"这首诗中讽刺青苗法的弊端，说农民为了办青苗法的手续一年中有半年都住在城里，他们吃过饭就挂着拐杖匆匆忙忙去办手续，贷款得到的青苗钱很快就消耗一空，别的好处农民没有得到，他们的孩子由于在城中住得久，连城里人的口音都学会了。

王安石有很高的文学造诣，他曾创造过一种特别的文字学，通过对汉字的结构进行解释说明来阐明他的学术观点。例如，"波"字被王安石解释为水之皮。

因为反对变法，苏轼对于王安石的学术成果不以为意，经常出言嘲讽。一次苏轼对王安石说，如果"波"是水之皮，"滑"字岂不是水之骨了。王安石反问苏轼，斑鸠的"鸠"怎么解释？苏轼便开始杜撰说，"《诗经》中有'鸤鸠在桑，其子七兮'，七个孩子加上一公一母两只鸟不就是九只鸟吗？正好符合您对于'鸠'字的解释。"王安石听了以后觉得非常有道理，过了很长时间才明白，这是苏轼故意在嘲讽他。

苏轼的这种冷嘲热讽让王安石心生不满，两人渐渐成为水火不容的政敌。当宋神宗想授予苏轼重要官职的时候，王安石会立场鲜明地反对。变法派把苏轼归为保守派中的一员，其中一些心术不正的变法派成员开始罗织苏轼的罪名，希望他能被贬外放，远离朝廷。

苏轼也深知，在宋神宗的支持下，新法是必然会推行的，他无论怎样发声也改变不了变法的进行，于是索性选择远离这是非之地，到地方上为百姓做些实事。

苏轼主动向皇帝申请外放为官，宋神宗同意了他的请求，最后派苏轼到杭州担任通判。至此，苏轼结束了在朝廷中与变法者的针锋相对，到美丽的杭州开启人生旅途的新篇章。

任职杭州，美景如梦，一生至乐

宋神宗熙宁四年（1071 年），苏轼来到了风景如画的杭州任通判，这一次远离朝廷是为了躲避变法的是是非非。但来到地方担任要职却也给了苏轼施展才能的机会，在这里他为百姓做了很多实实在在的好事。

苏轼的住处被安排在了凤凰山上，南望即可见到富饶的钱塘江，北望则可见到美丽的西湖，山中白云隐没，如诗如画。苏轼住在这样的居所，不禁心旷神怡，心满意足。当他来到市井上，更是真正领略到了"钱塘自古繁华"的盛况，街市上商品琳琅满目，热闹非凡，有的街道还有夜市，到后半夜才会歇业。迷人的杭州让苏轼流连忘返。

在杭州，苏轼审问案件时发现，案件中有很多涉及触犯了王安石新法的百姓，这使他颇为苦恼。苏轼本身是反对新法的，但他又无权改变法律，只能无可奈何。

监狱里关押了许多因贩私盐违反新法的老百姓，他们只是为了生计才铤而走险，苏轼非常同情他们。到了除夕这一天，苏轼要按照惯例到监狱给犯人点名，他的内心非常复杂。苏轼看到这些可怜的百姓，有心放他们回家与亲人团聚，但是他又不能这么做，所以自己也非常矛盾、纠结。对于这种无力改变的现实，苏轼自己感到非常的羞愧。他将自己的所见所闻写在了诗中，其中的许多诗句表达了对时局的不满，对百姓的同情，这些诗句也为后来的"乌台诗案"埋下了伏笔。

苏轼每当遇到烦恼，便会纵情地奔向大自然，在大自然中得到放松和快乐。杭州不仅有美景，更有好茶、美酒、高僧和无数才华横溢的文人。杭州简直就是为苏轼精心准备的好去处，他在这儿先后结交了不少好友。

杭州僧人佛印便是苏轼的至交好友。佛印机智、潇洒、不拘小节，与苏轼有许多传奇佳话，并且在与苏轼的调侃、论战中，佛印几乎总能占据上风。有一次，苏轼与佛印同游寺院，当他们步入大殿时，苏轼问佛印："观音自己就是佛，为什么还要手里拿一串念珠？"佛印回答："因为她也要虔诚祷告。"苏轼反问："她是观音菩萨，为什么还要祷告？"佛印回答："因为求人不如求己啊！"苏轼听后不禁赞叹佛印的机智。

除了佛印外，杭州知州陈述古、词人张先等人也与苏轼关系亲密，相交甚厚。好友们都倾慕苏轼豁达的心性和超凡脱俗的文采，争相与其诗词酬答。游湖、赏月、观花……苏轼与好友们一次次携手同游，共同观览杭州自然风物，陶醉于西湖的旖旎风光。

宋朝文人的游宴活动中，总不乏歌伎的声影。苏轼与好友也时常与歌伎宴游唱和。当然，苏轼与歌伎唱和无关风月，他只是喜欢这种轻松的氛围。才女琴操听从了苏轼的规劝出家为尼，周韶则在苏轼的帮助之下脱去原籍，这也许是她们更好的归宿吧。

也就是在此时，苏轼人生中另一位十分重要的女子——王朝云，第一次出现在他的生活中。此时的王朝云才十二岁，还是一个天真懵懂的小女孩，苏轼的第二任妻子王闰之见小朝云身世可怜，便买下了她收为侍女。朝云长大后，出落得聪慧伶俐，陪伴苏轼度过了很多艰辛岁月……

在杭州任通判的日子可以说是苏轼一生中的至乐时光，他赏遍了杭州的湖光山色，亦在这儿留下了数目众多的脍炙人口的诗篇。

待三年任满后，苏轼上书请求调离杭州，因为此时苏辙正任职于济南，兄弟二人离别已久，苏轼对弟弟甚是想念，为了能离弟弟更近一点，苏轼请求调任至离济南更近的州县。不久后，苏轼接到被调任至密州的调令。于是苏轼又和家眷们收拾起行囊，依依不舍地告别杭州，马不停蹄地赶赴下一段旅程……

诗词欣赏

饮湖上初晴后雨

苏轼

水光潋滟晴方好，山色空蒙雨亦奇。

欲把西湖比西子，淡妆浓抹总相宜。

赏析

宋神宗熙宁四年（1071年）至熙宁七年（1074年），苏轼在杭州任通判。这一时期苏轼写了大量描写西湖美景的诗词，这一首《饮湖上初晴后雨》便是其中的代表作品之一，十分脍炙人口。

"水光潋滟晴方好，山色空蒙雨亦奇。"前两句突出刻画了西湖历经晴天、雨天这两种天气变化时所展现的不同的美：晴天时的西湖水光粼粼让人沉醉，蒙蒙细雨中西湖山色时有时无更让人着迷。读者在品读这两句诗时，眼前仿佛出现了这样一幅画卷：诗人携酒泛舟于西湖之上，且游且饮，渐入醉乡……

"欲把西湖比西子，淡妆浓抹总相宜。"后两句里，诗人将西湖妙喻为西施，表达了诗人对西湖美景的感叹：如果把西湖比作美女西施的话，无论是清雅的淡妆还是浓妆艳抹都恰到好处。

这首诗在历代咏叹西湖的诗词中脱颖而出，以

新奇的比喻将西湖美景进行了升华，难怪后人评价
说苏轼这首诗写出来之后，再也没有更好的诗句来
描写西湖了。

前往密州，
扶贫灭匪，
深孚众望

宋神宗熙宁七年（1074年），苏轼离开了杭州，被调往密州担任知州。

密州就是现在的山东诸城，当时的密州十分贫穷，和杭州相比有巨大的差别。苏轼曾在自己的文章中写道，来到密州之后，俸禄大大不如从前，家里生活变得十分拮据，每天只盼着能吃上一顿饱饭，但是厨房里经常是空空如也。实在没有办法了苏轼就和朋友一起去城中荒废的菜园子里采摘一些野果来吃，他自己都感到很可笑。

此时的朝廷发生了巨大的变化。这一年天下大旱，百姓生活十分困苦，监安上门（汴京安上门的守门官）郑侠向来反对变法，就绘制了一幅《流民图》上奏给宋神宗。宋神宗看到图中的百姓衣衫褴褛、骨瘦嶙峋，非常忧愤。反对变法的臣子们便将其归结为推行新法所致，在重重压力之下，宋神宗不得不罢免王安石。王安石举荐了他的手下吕惠卿继续主持变法大业，然而吕惠卿当权后却背叛了王安石，不仅阻挠王安石回朝，还创制了新的法令，让百姓的负担愈加沉重。苏轼在密州亲眼见到许多孩子病饿致死，不禁热泪盈眶。

密州贫穷的现状让苏轼忧心忡忡。他意识到当下最重要的问题是解决蝗灾和旱灾，于是便一边组织人力灭蝗，同时向朝廷请命，请求免除灾区人民的赋税，一边积极寻找水源，为百姓求雨，设法解决缺水的问题。经过积极治理，密州的蝗灾和旱灾都得到了缓解，百姓们都为有这样一位为民办实事的父母官而感到高兴。

另外，苏轼也意识到，由于连年灾害，密州经济困顿，而盗贼猖獗。老百姓如果想安居乐业，就必须将本地匪患消除，于是他上书朝廷，分析了此地盗贼兴起的原因，并提出了消除匪患的具体措施。苏轼的上书引起了朝廷的重视，很快便派来官兵帮助密州平定盗匪。

在密州，苏轼时刻心系百姓的生活，天降大雪时就联想到"今年好风雪，会见麦千堆"，遇到灾情时也会自责"平生五千卷，一字不救饥"。经过他精心的治理，密州百姓的生活逐渐得到改善。苏轼的才华在地方上得到了施展，他在密州声望越来越高，百姓们都夸赞他是一位待民亲厚、造福一方的父母官。

在苏轼为密州百姓扶贫灭匪、创下杰出政绩期间，他多次有感而发，留下不少经典作品。著名的《江城子·密州出猎》便作于此间。苏轼在词中写道："老夫聊发少年狂，左牵黄，右擎苍，锦帽貂裘，千骑卷平冈。为报倾城随太守，亲射虎，看孙郎。酒酣胸胆尚开张，鬓微霜，又何妨！持节云中，何日遣冯唐？会挽雕弓如满月，西北望，射天狼。"

　　在词中，苏轼将自己比作一身戎装的将军，带领着千军万马围猎。虽然自己年龄已经没有那么年轻，但他仍然希望得到朝廷信任，为国征战，建功立业。这番凌云壮志其实是苏轼担忧边境安危的侧面体现。苏轼虽在密州任地方官，终日为百姓的安稳生活忙碌奔走，却也时刻牵挂着边境安危，恨不得亲披戎装，上阵杀敌。

　　如果说杭州的山水美景使得苏轼心中温柔浪漫的情感得以抒发，那么密州粗粝淳朴的民风民俗则激发出了苏轼骨子里豪放不羁的另一面。在密州，深切的为民情怀和爱国情怀时时激荡在他胸间，令他豪气丛生，也就在这一时期，苏轼的词风渐趋成熟，成为豪迈词派的领军人物。对此，苏轼自己也深感自豪，他在给友人的信中这样写道："近却颇作小词，虽无柳七郎风味，亦自是一家。呵呵！数日前猎于郊外，所获颇多；作得一阕，令东州壮士抵掌顿足歌之，吹笛击鼓以为节，颇壮观也。"

　　光阴荏苒，两年一晃即逝，苏轼在密州的任期将满。"二年饮泉水，鱼鸟亦相亲。"（《留别雩泉》）怀着对这片土地的依恋之情，苏轼告别此处，一路南下，奔赴下一段人生旅程。这一次，他的目的地是徐州。

宋神宗熙宁十年（1077 年），苏轼被调往徐州任知州。

苏轼刚刚到任不久，便遭遇了一场特大自然灾害。徐州位于黄河下游，多年来水患不断，人民苦不堪言。这一年八月，连续不断的暴雨让洪水来到了徐州城下，随时都有可能淹没徐州城，许多人为了活命弃城而走。

面对如此严峻的形势，苏轼沉着冷静，积极准备抗洪抢险。苏轼做了各项组织工作，一方面他发表演说稳住民心，另一方面采取各项抗洪措施。他先是组织人力加固城墙，保证徐州城的安全，而后请求驻守徐州的禁军支援，与徐州百姓一起筑起了一道能够抵御洪水的大堤。

而要从根本上解决洪水的问题，必须疏浚洪水，于是苏轼找来了水利专家，经过分析论证最终将徐州城外的洪水引入了黄河故道，从而使洪水退去。在抗洪过程中，苏轼还调集人手解救受苦困百姓，保证城中百姓有充足的粮食。

苏轼亲自来到抗洪前线参与抗洪，他穿着蓑衣和草鞋，挽起裤腿，拿起工具，与人民一起修筑工事。那些因为害怕洪水弃城而走的徐州百姓见到苏大人都不走，他们也坚定了信心，又回到徐州城，与自己的父母官同心协力一起抵抗洪水。经过了全城军民的共同努力，洪水在围困徐州四十多天后逐渐退去，洪水的威胁终于解除了。

百姓们感激苏轼为徐州做的贡献，连续庆祝了很多天。苏轼则有更为长远的计划，他知道想要从根本上解决徐州洪水的问题必须修筑防洪大堤，这样才能保证徐州城今后若干年的平安。于是他上书朝廷，提交了自己的计划和预算。宋神宗对于苏轼在徐州抗洪的事迹大为赞赏，不仅批准了苏轼的方案，还对他大为嘉奖。徐州的防洪大堤竣工之后，苏轼还在旁边修建了一座楼台，命名为黄楼，意为黄土克水，保佑徐州免受洪水的威胁。全城百姓欢呼雀跃，从此之后，黄楼也成了徐州人纪念苏轼的一种象征。

洪灾后，徐州又发生大旱，见百姓为生计所愁苦，苏轼心焦如焚，写下一篇《徐州祈雨青词》："河失故道，遗患及于东方；徐居下流，受害甲于他郡。田庐漂荡，父子流离。饥寒顿仆于沟坑，盗贼充盈于犴狱。人穷计迫，理极词危。望二麦之一登，救饥民于垂死……"字里行间都表现出苏轼对民众强烈的使命感和责任感。他为官一方，处处殚精竭虑地为当地百姓的幸福生活筹谋划策，以百姓之心为己心。

不久，天降甘霖，徐州的旱情得以缓解。苏轼喜不自胜，又前往石潭谢雨，路途中所见到的丰收景象令他感慨良多。事后，他有感而发，作下著名的《浣溪沙·徐门石潭谢雨道上作五首》，记录了灾后徐州百姓安居乐业、欣欣向荣的新生活。

苏轼在地方政绩斐然，尤其是在徐州抗洪救民的事迹让宋神宗对他倍加赏识。因此，神宗皇帝一直想将苏轼召回朝廷任职。此时的苏轼为政一方，声名在外，同时他又是文坛领袖，受到全天下读书人的爱戴和敬仰，如此耀眼的光环不禁让小人心生嫉妒。此时的朝廷早已不是当初的模样，变法派代表人物王安石两度罢相已经隐居在江宁，保守派代表人物司马光也长期退居洛阳。此时朝廷变法的主持者多是一些善于钻营的小人，他们担心苏轼这样的保守派代表回到朝廷掌握大权，于是便开始罗织苏轼的罪名，一场灾难即将降临到苏轼头上。

诗词欣赏

水调歌头·明月几时有

苏轼

丙辰中秋，欢饮达旦，大醉，作此篇，兼怀子由。

明月几时有？把酒问青天。不知天上宫阙，今夕是何年。我欲乘风归去，又恐琼楼玉宇，高处不胜寒。起舞弄清影，何似在人间。

转朱阁，低绮户，照无眠。不应有恨，何事长向别时圆？人有悲欢离合，月有阴晴圆缺，此事古难全。但愿人长久，千里共婵娟。

赏析

这首词作于宋神宗熙宁九年（1076年），当时的苏轼在密州担任知州。这一年中秋节，苏轼借月抒怀，思念远在他乡的弟弟，写下了这首关于中秋节的千古名篇。

词的开头有一行小序，介绍了在丙辰年中秋节，苏轼尽兴饮酒直到天亮，大醉一场，写下这首词表达对弟弟苏辙的思念。接下来词人便以其新奇的想象和完美的辞藻娓娓道来。"明月几时有？把酒问青天"的发问表达的是中国人在传统节日特有的情怀。苏轼借酒发问，描绘了一番新奇的景象。诗人不知道天上的宫阙与人间是否一致，所以想乘风去看看，但又怕琼楼玉宇过于寒冷，于是起舞弄清影，飘飘欲仙似乎已经不像人间的景象了。明月移动，月光变换了角度，让词人无法入眠。他不禁要问为什么月亮在人们离别的时候显得格外圆呢？人世间的悲欢离合就像月亮的阴晴圆缺一样，作者

明白这是不能圆满的事情，进而咏叹出了"但愿人长久，千里共婵娟"的美好祝福。这两句中秋的祝福跨越了千年，表达了所有中国人的心声。

词人将宇宙时空和人类的情感巧妙联系在一起，是一种前所未有的创造，表达内心情感时情景交融，浑然一体。这首中秋词作被历朝历代的人们所传唱，经久不衰，延续至今。就像后世文学评论中所说的"中秋词，自东坡《水调歌头》一出，余词尽废"，将这首词奉为中秋诗词作品的魁首，毫无争议。

第四章

归去来兮
此心安处是吾乡

苏轼在杭州、密州、徐州为官八年，又被任命为湖州知州。他准备在新的环境继续为民谋福祉，却不知自己即将大难临头。"乌台诗案"是苏轼人生路上的重大挫折，历经风波之后，黄州成了他的下一站。在这里，苏轼的文学创作和精神世界都得到了升华，而风雨兼程、劫后重生的他在心境上也越发超然旷达。

『乌台诗案』，命运的转折点

宋神宗元丰二年（1079年），苏轼被派往湖州担任知州。宋朝官员有一项规定，在得到朝廷的任命之时，需要写"谢表"，以示对皇帝的尊重和恩典。

苏轼也不例外。当他在湖州任职之后，按照惯例给宋神宗写了一篇《湖州谢上表》。他在其中写道："知其愚不适时，难以追陪新进；察其老不生事，或能牧养小民。"意思是皇帝认为苏轼不够聪明且不合时宜，不能在朝廷内追随变法的步伐，知道苏轼年龄逐渐变老不会滋生事端，也许能在地方养护一众百姓，因而派他到湖州任职。

这原本是十分正常的客套话，御史台的谏官们却认为苏轼在这篇谢表当中大放厥词，表达了对皇帝的不满，言语之间阴阳怪气，表达了对宋神宗的埋怨和讥讽。对此，宋神宗并不认为苏轼对自己不敬，是御史们有些小题大做了。然而，朝廷中嫉妒苏轼的官员太多了，他们千方百计搜罗苏轼的把柄，想借此机会置苏轼于死地。

从宋神宗熙宁二年（1069年）算起，变法运动已经进行了十年之久，朝廷政局发生了翻天覆地的变化。

十年间，宋神宗始终重用变法派成员。然而，因种种缘故，曾经的变法领袖王安石却先后被两度罢相，已经闲居江宁（今江苏南京），保守派领袖司马光也已经隐居洛阳，不问政事。如今朝廷变法事宜主要是王安石当年的手下和门生主持，但这些人当年大多是想攀附王安石升官发财的投机之人，许多人已经背叛王安石一心谋求自己的仕途。

苏轼作为反对变法的人物之一，从始至终都被变法派排挤。变法派中的小人始终关注着苏轼在地方的一举一动，伺机打击报复。苏轼在地方政绩卓著，屡受皇帝褒奖更是让他们怒不可遏，他们一心想除掉这个政敌。

如今朝廷的首相是王珪，此人并无鲜明的政治主张，可以说既不属于变法派，也不属于保守派，他是一个只知道奉承讨好皇帝的官员，只要自己仕途顺风顺水其余都不重要。也因为如此，他被人们称为"三旨宰相"，意思是请来圣旨、获得圣旨、传达圣旨，每天做的都是一些不必发表政见的事务，很少有真知灼见。可就是这样一个人，也加入了迫害苏轼的行列。

想要迫害苏轼的人蓄谋已久，并结成了一个小团体，其中包括王珪、舒亶、李定等人。他们见针对《湖州谢上表》对皇帝所进的谗言没有奏效，便开始了下一个计划。舒亶找出了苏轼刊刻出版的诗集，在其中寻章摘句，牵强附会，罗列了许多诗句向皇帝进言，说苏轼自以为是、妄自尊大，屡屡写诗嘲讽变法新政、愚弄圣上，有不臣之心，应该处死以谢天下。对此，宋神宗一时难以明辨。

苏轼确实写了许多嘲讽新法的诗作。他向来反对变法，认为新法的推行过于粗暴，骤然实施会对百姓增加负担，并不利于当下的社会发展。他在过去几年间目睹了地方百姓的惨状，对新法颇有微词，常常写诗以表达不满。例如，新法禁止私盐交易，被官家垄断后价格暴涨，许多老百姓竟吃不起盐，他曾写诗道："岂是闻韶解忘味，迩来三月食无盐。"意思是并不是因为听了《韶》乐让人忘记了味道，而是三个月做饭都没放盐了。类似的诗还有不少。苏轼是以一个官员的角度，通过写诗记录所见所感，希望通过这种形式引起朝廷重视，而后逐渐改变现状。

在王珪、舒亶、李定等人的诬陷下，苏轼一时间被推到风口浪尖。事后谈及苏轼为何因诗获罪，其弟苏辙总结得非常精辟：独以名太高。苏轼性格外放，才华外露，他在地方上是政绩卓著的官员，在文坛又是天下人敬仰的领袖，光芒过于耀眼，说话经常得罪人，怎能不遭那些居心叵测的小人嫉妒和痛恨，所以才有此劫难。

朝廷也有一些正义之士为苏轼发声，章惇就是其中之一。章惇是变法派的重要人物，他和苏轼虽然在政见上不同，私下里却是至交。当王珪、舒亶、李定等人诬陷苏轼以地下蛰龙为知音，有不臣之心时，章惇则对宋神宗说，并非只有皇帝才叫龙，诸葛亮道号就叫卧龙先生。他还质问王珪为什么这样牵强附会陷害苏轼，王珪被驳得哑口无言，最后只说是李定、舒亶等人让他这么做的。章惇毫不客气地对王珪说，他们的口水你也吃吗？正义之士的发声让宋神宗犹疑不决，御史谏官们不断揭发苏轼的罪证更让皇帝心烦意乱，最后，宋神宗默许了逮捕苏轼的命令。

一朝入狱，死里逃生

　　苏轼在湖州上任刚刚三个月，一场灾难马上就要降临。有人偷偷告诉苏轼说他的诗被人当作罪证向皇上揭发了，苏轼是正直磊落的人，他问心无愧，对此事并不在意，还开玩笑说，这下他再也不愁自己写的诗皇帝看不到了。苏轼认为自己写的诗并无不妥，皇帝也绝不会因为几句诗治臣下的罪。虽然自己的诗中表达了对变法的不满，但自古文人士大夫以诗刺政是合乎礼法的，大宋开国以来更没有因为写诗获罪的先例。

　　然而，事实并没有苏轼想得那么简单，朝廷逮捕他的命令是千真万确的。当朝驸马王诜与苏轼是非常要好的朋友，当他得知朝廷的命令后，立刻派人前往湖州给苏轼通风报信，让他有所准备。苏轼得到这一消息十分震惊，他顿时乱了方寸。一代文豪也是一个有血有肉的普通人，当他面临着前所未有的灾祸时，内心十分惶恐。他不知自己是否能穿官服面见圣上，下属却告诉他，此时的他还是朝廷命官，穿官服才合乎情理。

逮捕苏轼的官差名叫皇甫遵，他带着一群人很快来到了湖州，傲慢地下达了逮捕苏轼的命令。临行前，苏轼开口道："轼自来殛恼朝廷多，今日必是赐死。死固不辞，乞归与家人诀别。"皇甫遵则答道："不至如此。"之后便命人将苏轼捆绑起来装进了囚车，一路押送至汴京。苏轼的家人悲痛欲绝，他们从没想到苏轼会因诗获罪，苏夫人一气之下将家中苏轼的诗稿付之一炬。

苏轼被押送到汴京后被关在御史台的监狱，这里也是苏轼受审的地点。御史台内种有许多柏树，乌鸦经常停靠在树上，所以这里也被叫作乌台，苏轼这场因写诗而获罪的案件也就被称为"乌台诗案"。

乌台的御史们急切地想让苏轼认罪，他们找出了苏轼诗集中的上百首诗，一首一首地审问，苏轼内心坦荡，对于御史们的问话毫无掩饰地回答。对于其中几首嘲讽新法的诗作，苏轼大方承认，而大部分凭空捏造的罪证，苏轼据理力争，绝不妥协。

审问多日，御史们并没有得到想要的结果，他们想让苏轼全部认罪，以达到他们的目的。对于苏轼来说，这显然是不可能的。御史们暴跳如雷，他们决定采用刑讯逼供的方式让苏轼认罪。苏轼遭受了肉体和精神上的双重折磨，长时间的侮辱和迫害让他几近崩溃。他遍体鳞伤，命悬一线，认为自己很难从乌台监狱走出去了。

苏轼的大儿子苏迈每天给父亲送饭，苏轼和他约定，如果有一天得到了自己必死的消息，就送一条鱼过来，让自己提前知道。恰好有一天，苏迈因盘缠用尽去借钱，便让朋友代替自己给父亲送饭。这位

朋友可能想让苏轼改善一下伙食，就做了一条鱼送过来。苏轼见送来
了鱼，认为自己必死无疑，顿时百感交集，他想到自己的妻儿老小和
弟弟苏辙，不免心生感慨。他当即给苏辙写了两首诗，其中一首是：
"是处青山可埋骨，他年夜雨独伤神。与君世世为兄弟，更结来生未
了因。"这首诗将苏轼、苏辙兄弟之间的感情表达得淋漓尽致，同时
也表现出了苏轼对于自己前景的绝望。

事实上，朝廷内外有许多人都在积极营救苏轼。除了章惇在朝堂
上为苏轼说话，许多已经归隐的老臣也纷纷上书皇帝，为苏轼求情。
已经退居江宁的王安石虽然在政见上与苏轼针锋相对，但当苏轼入狱
之后，他立刻上书皇帝，说圣明的时代是不能杀害有才的士大夫的。
王安石虽然已经远离朝廷，但在宋神宗心目中依然有着重要的地位和
影响力。

苏辙则上书皇帝，表示自己愿意用自己的官职来赎回兄长，只求
圣上不要治罪于兄长。宋神宗的祖母曹太后也问起苏轼的情况，宋神
宗说苏轼写诗讥讽新法，要重重治罪。曹太后对他说大宋开国以来从
来没有上书言事被杀的士大夫，宋仁宗在世时曾说自己老了，但是他
很高兴为子孙找到了两位太平宰相，指的就是苏轼、苏辙兄弟。曹太
后还说自己重病缠身，无法康复，希望皇上不要再兴冤狱，赶快把苏
轼放了，自己的病也就好了。为苏轼说情的人越来越多，另一面李定
等人则继续污蔑诽谤，两股势力争执不休。

宋神宗心里已经有了打算，但他决定再试探一下苏轼是否有二
心。一天夜里，皇帝派了一个小太监进入了苏轼的牢房，让他和苏轼
同住。苏轼只当是又来了一个犯人，并不在意，吃过饭后便倒头大

睡，很快就鼾声如雷。第二天一早，苏轼发现昨晚来的犯人不见了，但也并没有挂在心上。小太监回禀皇帝，苏轼晚上睡得非常好，一夜未醒，自己离开时都没被惊醒。宋神宗听后印证了自己的判断，他觉得心怀不忠的人即将被赐死时，一定非常担心自己的安危，会导致心神不宁，难以入睡。苏轼一如平日，能吃能睡，说明他内心坦荡，没有对朝廷的不忠之心，于是决定将苏轼释放。

苏轼在乌台监狱中度过了一百多天后，终于被释放。朝廷以苏轼讥讽朝政为罪名对他贬官、罚俸，苏辙、王巩、驸马王诜等多人也因此受到牵连。至此，"乌台诗案"尘埃落定，苏轼被贬为黄州团练副使。李定、舒亶等人的阴谋并没有得逞。苏轼在他人生最大的劫难中死里逃生，出狱之后，他马不停蹄地奔赴他的下一站——黄州。

被贬黄州，『文人农夫』怡然自乐

　　宋神宗元丰三年（1080 年），苏轼来到了黄州。经历了"乌台诗案"的风波之后，惊魂未定的苏轼将要在一个陌生的环境中开启崭新的生活。

　　黄州团练副使只是一个挂名的官职，并无实权，作为罪臣的苏轼不得签署公文。名义上苏轼是贬官至此，实则是戴罪之身，皇帝的意思是让他在黄州好好反思自己的过去。不得签署公文，苏轼也就没有了案牍政务，这也让他有了大把的时间好好认识这片土地。

　　初到黄州的苏轼面临着一些实际问题，最要紧的是住房和吃饭。作为罪臣，苏轼不能享受官家提供的房屋，所以暂时住在临皋亭，这是一个废弃的驿站，环境很差。另外，苏轼在黄州几乎没有什么俸禄，花销不够自然就会影响到吃饭。他索性脱下文人的长衫，与当地农民一起到田间劳作。在当时，文人士大夫下地劳作并不是体面的事情，但潇洒的苏轼并不认为这会有损他的名声。自己亲自下地开荒，吃着自己种出的粮食，他反而感到内心无比踏实。

苏轼在黄州的生活渐趋稳定，他的家眷也投奔而来，一家人的生计成了大问题。为了勉强度日，苏轼将每个月的四千五百钱串成三十份，每份一百五十钱，他将它们挂在屋顶，每天取下一串用于家里的日常开销。如果有没用完的钱就放在一个竹筒里，以备不时之需。日子过得虽然拮据，苏轼一家却逐渐在黄州站稳脚跟、生存下来。

苏轼想拥有一块属于自己的土地，于是向太守提出请求。太守决定将黄州城东的一块废弃的官地给苏轼耕种。虽然这是一片贫瘠的土地，苏轼却喜出望外。他带领着家人开荒耕种，在这片土地上洒下自己辛勤的汗水，同时也期待着丰收季节的早日到来。由于这块田地在黄州城东，且是一片高地，苏轼便将这块地取名为"东坡"，苏轼则自号"东坡居士"。"苏东坡"，这个流传千年的名字诞生了！

当地的农民对苏轼非常友善，他们能看出来苏轼并不善于耕种，于是主动跑来向他传授耕种和管理庄稼的经验。老农告诉苏轼，不能让庄稼长得太好，第一年要让牛羊啃食庄稼，这样不至于把田地的肥力全都用光，第二年才能长出好庄稼。苏轼按照老农的说法去做，果然获得了大丰收。

苏轼与百姓相处得十分融洽，他看到农民每天弯着腰在水田里插秧，十分辛苦且效率低下，就发挥自己的聪明才智，发明了一种类似于凳子的"秧马"。之所以叫作"秧马"，是因为其形状像马一样，农民可以骑在上面插秧，同时不断移动，既省力又提高了效率。人们为了纪念苏轼的这一发明，便将这种插秧工具命名为"苏公马"。

东坡居士怡然自得地在自己的土地上耕作劳动，他享受着自己的这片世外桃源，没想到黄州竟是以这样一种特殊的方式接纳了自己。后来，苏轼在这片土地旁边盖了几间房子，这便是苏轼的新家。房子是在一个雪天建成的，苏轼便将它取名为"雪堂"，雪堂也成为苏轼在黄州的精神象征。

黄州的生活逐渐变得有趣起来。生性喜好交友结伴的苏轼在黄州也结交了一些好友，比如潘丙、郭遘、陈慥等人。其中，隐居于黄州的陈慥是苏轼的旧相识，此时相聚黄州，两人的关系越发亲厚。

在苏轼与陈慥的交往中，据说还曾发生过这样一件趣事。有一天晚上，苏轼留宿陈慥家中，与其一起谈论佛法。他们一直聊到三更半夜依然兴致不减。生性泼辣、强势的陈夫人心中不满，出言责问丈夫为何还不就寝。陈慥吓了一跳，手中的拐杖不小心掉在了地上，苏轼见状大笑不止。第二天，苏轼以调侃的语气写了一首诗："龙丘居士亦可怜，谈空说有夜不眠。忽闻河东狮子吼，拄杖落手心茫然。"这首诗形象地描述了陈慥被妻子呵斥后的情形，苏轼用"河东狮吼"来调侃好友，打趣陈慥过于惧内。

苏轼这样一位受世人敬仰的大文豪流落到黄州，不得不说是命运的悲剧。然而，乐天派的苏轼坦然接受了这一切。他最初来到黄州时，在酒馆内被醉汉推倒甚至谩骂，起初他还有些不习惯，想和对方理论，后来他渐渐地接纳这种生活，并且还会因为市井之间没有人认识他而感到高兴。此时的苏轼无疑完成了一次脱胎换骨，他的心智变得更加成熟，思想也得以升华，他的人生步入了一个新的阶段，年少时期的锋芒毕露全然不见，内心充满包容和谅解。就像许多学者所说，苏轼在黄州实现了自我突围。

诗词欣赏

定风波·莫听穿林打叶声

苏轼

三月七日，沙湖道中遇雨。雨具先去，同行皆狼狈，余独不觉。已而遂晴，故作此词。

莫听穿林打叶声，何妨吟啸且徐行。竹杖芒鞋轻胜马，谁怕？一蓑烟雨任平生。

料峭春风吹酒醒，微冷，山头斜照却相迎。回首向来萧瑟处，归去，也无风雨也无晴。

赏析　　这首词作于宋神宗元丰五年（1082年）的春天，此时已经是苏轼来到黄州的第三年。在一次野外出游的过程中，词人在很短的时间内体会到了晴、雨两种不同的天气变化。苏轼在行动上的反应实则是此时他内心的写照。

　　词的开头有一段序：三月七日这一天，在前往沙湖的途中遇到了大雨，雨具被前边的人拿走了，跟我同行的人被雨淋得非常狼狈，我却觉得没关系，一会儿便放晴了，于是写下了这首词。在平常人看来，被雨淋到一定会慌忙躲避，苏轼则不然，他说不必被雨打树叶的声音所干扰，不妨吟唱着慢慢前行。拄着手中的竹杖，穿着脚上的草鞋像骑马一样轻快，没什么可怕的，烟雨中一身蓑衣便可度过一生的时光。春风带有一些微凉，将我的酒意吹散了，抬眼一看，山头竟有斜阳在欢迎我。回过头看看刚才走过的风雨交加的路途，回去吧，对我来说并无风雨，也无所谓天晴。

苏轼此词超然物外，境界尤高。在经历了"乌台诗案"的挫折之后，他愈发老练成熟，身处黄州安之若素，外在的晴雨变化已经不足以撼动其内心。这是一种洒脱与超然，是在困境中快乐生活的秘诀。

泛舟赤壁，借古伤今

　　黄州地处长江中游的北岸，得天独厚的自然环境为苏轼达到文学创作的巅峰创造了条件。

　　苏轼在黄州没有公务，一身轻松，他经常出现在田间地头、市井店铺，与农人、渔夫、商贩谈天说地。有时候他还不拘礼法，夜里在城外饮酒，城门关闭后只能翻墙进城。苏轼是想让自己全身心地融入当地人的生活，用他自己的话说就是"我上可陪玉皇大帝，下可陪卑田院乞儿"。在苏轼的眼中，世间没有一个人不是好人。后人经常称苏轼为"坡仙"，就是欣赏他坦然接受平凡的达观态度。在黄州，苏轼不再那么愤世嫉俗，他乐于在不为人知的环境中活出自己的境界和格调。

　　在苏轼来到黄州第三年的寒食节，他写了两首诗表达了人生的感慨。当时，他随意地铺开一张纸写出了内心独白："自我来黄州，已过三寒食。年年欲惜春，春去不容惜。"而后，苏轼将自己的人生经历和眼前的春景、苦雨融合在一起，写出了内心的孤寂。当他看到眼前红白相间的海棠花落入污泥之中，看到雨势磅礴、人间如云水世界一般的情景，一种孤独涌上心头。同时他也想到了远在万里之外的先人坟冢，在寒食节自己也不能前去祭扫，不禁抒发了怅然和无奈之感。他边写边思索，内心逐渐有了波澜，一开始字体工整潇洒，随着情感的深入，字逐渐变大，与他的思想、情感相契合。两首诗写罢，世间又多了一幅传世书法珍品——《黄州寒食帖》。

苏轼经常在黄州四处喝酒游荡。就在被贬黄州的第三年，一天夜里，苏轼饮酒大醉，跌跌撞撞回到家门口。家童在屋里鼾声如雷，苏轼怎么敲门都无人回应。苏轼也不懊恼生气，索性坐在江边倚着拐杖听滔滔江水之声。微风不时吹过，水面波纹迭起，苏轼联想到自己虽身处黄州，却是身不由己，不由得在心里追问：自己究竟什么时候才能真正地远离官场，不再追求功名利禄呢？望着逝去的江水，他感叹道，真想乘着一叶小舟远去，在江海之间度过自己的余生。

事后，苏轼有感而发，写下这首《临江仙·夜归临皋》："夜饮东坡醒复醉，归来仿佛三更。家童鼻息已雷鸣。敲门都不应，倚杖听江声。长恨此身非我有，何时忘却营营。夜阑风静縠纹平。小舟从此逝，江海寄余生。"这首词表达了苏轼对仕途生涯的厌倦，对真正自由的向往，也体现了苏轼遭遇劫难之后内心的超脱和淡然。

然而，当"小舟从此逝，江海寄余生"之句流传开来后，却引发了一些令人啼笑皆非的谣言。有人说苏轼驾着小舟逃跑了，还有人说苏轼已投江自尽。太守听到这些传言之后立马慌了，他赶紧前往苏轼家里一探究竟，结果苏轼就在家里睡大觉，原来是一场乌龙。

在黄州，苏轼还经常携酒游览黄州赤壁，追忆汉末名将周瑜在赤壁之战中所展现的智慧形象和飒爽英姿。

苏轼联想到周郎俊逸潇洒，建功立业，又联想到自己的人生境遇，他将怀古之情与人生感悟融合到一起，写下了流传千古的《念奴娇·赤壁怀古》。

这首词的诞生在文学史上意义非凡。词原本是唱歌的歌词，多是给歌女吟唱的作品，主流词坛也多写男女之情、离愁别绪等内容，北宋词坛的柳永才是当时的霸主。苏轼的《念奴娇·赤壁怀古》开创了词的新境界，他以词言志，表达理想信念。他是以写诗的风格来作词。这首词的出现开创了北宋词坛豪放派的先河，同时也成了千古不朽的赤壁绝唱。

黄州东坡赤壁

诗词欣赏

念奴娇·赤壁怀古

苏轼

大江东去，浪淘尽，千古风流人物。故垒西边，人道是，三国周郎赤壁。乱石穿空，惊涛拍岸，卷起千堆雪。江山如画，一时多少豪杰。

遥想公瑾当年，小乔初嫁了，雄姿英发。羽扇纶巾，谈笑间，樯橹灰飞烟灭。故国神游，多情应笑我，早生华发。人生如梦，一樽还酹江月。

赏析

宋神宗元丰五年（1082年）七月至十月之间，苏轼多次游览黄州赤壁，这首词便是苏轼在这一时期创作的。当时曾有人评价苏轼这首词完全不是词的原有风味，让妙龄歌女来吟唱是不适合的，只能让关西大汉抱一个铜琵琶，手里拿一个大铁板高唱才可以。

词人面对滔滔江水，发出了怀古之情。那些历史上的英雄人物都像这江水一样一去不复返了，这古战场的西边，人们说那是周瑜大破曹操的赤壁。乱石组成的悬崖伸向天空，惊涛骇浪拍打着石壁，卷起白雪一样的浪花。江山如此美丽，那时候涌现出了多少英雄豪杰啊。想一想当年的周公瑾，刚刚娶了小乔，手执羽扇，头戴纶巾，谈笑着就让曹军灰飞烟灭，那是多么潇洒啊。如今我来到这古战场神游追思，情怀虽然不减，可头上已经有了变白的头发。人生就像梦境一般，不用想那么多了，还是端起酒杯祭奠一下江上的明月吧！

　　苏轼以豪放的情怀开创了词的新境界。这首赤壁绝唱让词的地位大增，苏轼也因此成了豪放词的开创者，开创了豪放词自成一派的新局面。值得一提的是，现代学者研究认为，黄州赤壁并不是三国时期赤壁之战的战场，苏轼怀古怀错了地点，然而由于后人对苏轼的崇拜，人们并不在意黄州赤壁与三国赤壁是否吻合。后人将黄州赤壁称为"文赤壁"，它也成为苏轼人生经历和文学创作的象征。

炮制美食，
饮酒夜游

苏轼堪称美食家，也是颇具情趣的生活家。在黄州时，他苦中作乐，相继炮制多道美食，闲暇时又和朋友饮酒夜游，诗酒唱和，将原本清贫、平淡的生活打理得丰富多彩、别有趣味。

热爱生活的美食家

苏轼在黄州的日子过得是比较清苦的，由于家庭拮据，很多方面都得自己亲自动手。没有粮食吃他就自己种，没有酒喝他就自己酿，这一切都难不倒热爱生活、充满智慧的苏轼。

他在《初到黄州》这首诗中写道："自笑平生为口忙，老来事业转荒唐。长江绕郭知鱼美，好竹连山觉笋香。"苏轼嘲笑自己在原本该建功立业的年华里为养家糊口而奔忙，这真是一件荒唐的事情。

不过对于炮制美食这件事，苏轼确实是颇有心得的。长江里的鱼、山上的竹笋、黄州的猪肉、园中的野菜都是苏轼创制美食的原料。苏轼在黄州发明的众多美食都打上了自己的烙印，如大名鼎鼎的东坡肉、东坡饼、东坡羹等。

苏轼曾经写过一篇《猪肉颂》记录了自己做东坡肉的心得："净洗铛，少著水，柴头罨烟焰不起。待他自熟莫催他，火候足时他自美。黄州好猪肉，价贱如泥土。贵者不肯吃，贫者不解煮，早晨起来打两碗，饱得自家君莫管。"

苏轼是一位生活的智者，他抓住了做东坡肉最关键的要领，就是小火慢炖，将肥腻的猪油熬出来，这样做出来的肉口感好，不肥腻。大铁锅洗净少放一些水，"柴头罨烟焰不起"就是要求文火慢炖，并炖煮足够的时间，火候够了，自然就是一道美味。

当时黄州猪肉物美价廉，富人不愿意吃，贫穷的人又不知道怎么做着吃，而苏轼却用黄州的猪肉创造了这道因陋就简的美食。

除了东坡肉外，在黄州一带，至今还流传着苏轼发明东坡羹的故事。相传苏轼在黄州时，有一次他家乡的好朋友巢谷前来看望他，两人聊起了故乡眉山的"元修菜"。苏轼听了涌起了思乡之情，同时又非常想吃，于是他就根据自己的理解，发明了东坡羹。

他有一篇《东坡羹颂》，描述了这道美食的做法："东坡羹，盖东坡居士所煮菜羹也。不用鱼肉五味，有自然之甘。其法以菘若蔓菁若芦菔若荠，皆揉洗数过，去辛苦汁，以生油少许涂釜缘及瓷盌在菜汤中，入生米为糁。"其实就是将萝卜、荠菜等青菜洗净烹煮，在锅里放入生米熬制的菜粥。东坡羹做法简单，味道鲜美，还具有很好的养生保健效果。

身处黄州的苏轼虽然生活困顿，但他就地取材，发挥奇思妙想，创制了一道道美食，为后人留下了宝贵的东坡饮食文化。

夜游赤壁

苏轼并不是一个单纯的美食家，他还有更为丰富的精神世界，在黄州时他经常在大自然中放松身心。赤壁是苏轼经常游览的地方。两次夜游赤壁时创作的作品让他在文学上到达巅峰，备受推崇。

宋神宗元丰五年（1082 年）七月十六的晚上，苏轼来到了赤壁，这一次他是和朋友们乘船游览。这次的游览经历成就了苏轼笔下著名的《赤壁赋》。

众人乘船在江上，清风徐徐，水波十分平静，他们饮酒、吟诗、歌唱。一会儿，明月从山那边升起，在星辰的映衬下十分动人。雾气弥漫，水天一色，眼前的景象非常虚无缥缈，众人感觉自己像到了另一个世界，飘飘然得道成仙了。

大家饮酒越来越开心，苏轼扣着船舷唱道："桂棹兮兰桨，击空明兮溯流光。渺渺兮予怀，望美人兮天一方。"客人当中有一位叫杨世昌的道士，他擅长吹箫，便和苏轼的歌声相应和。箫声呜呜然，忧伤而动人，余音袅袅，不绝如缕。这箫声能让水中的蛟龙翻腾，让孤舟上的寡妇哭泣。

杨道士的箫声让苏轼有些忧郁，他端坐着整理了一下衣服问道："何为其然也？（您为什么吹得这么悲伤呢？）"杨世昌言道："哀吾生之须臾，羡长江之无穷。挟飞仙以遨游，抱明月而长终。知不可乎骤得，托遗响于悲风。"杨世昌感叹当年的英雄早已消逝于历史的长河中，人在天地之间是如此渺小，生命又是如此短暂。他羡慕江水奔腾延绵不绝，也羡慕神仙的自由自在，然而这一切都是无法实现的，于是只能将情绪寄托于箫声之中。

苏轼听了杨道士的一番解释，也给出了自己的回答："逝者如斯，而未尝往也；盈虚者如彼，而卒莫消长也。盖将自其变者而观之，则天地曾不能以一瞬；自其不变者而观之，则物与我皆无尽也，而又何羡乎！"

苏轼对于江水、明月的这番解答充满了哲理和智慧，他说江水不停地流淌，但没有减少一分一毫；月亮圆缺不定，却没有因此有一点增减。江上的清风、山间的明月，耳朵听到了就是悦耳的声音，眼睛看到了就是美妙的景色，这是大自然给予人们的馈赠！只要把身心交给自然，尽情地去享受它，就能够长久地拥有清风明月了。

客人们听了苏轼这番妙语，不禁赞叹。他们将酒盏洗净，重新开宴。所带来的食物全都吃光了，只剩下杯子、盘子随意摆放在船上。人们互相枕靠着睡着了，毫不知晓天已大亮。

黄州赤壁与苏轼结下了不解之缘，宋神宗元丰五年（1082年）的十月，苏轼再一次同朋友游览赤壁。苏轼也将这次的游览经历写成了一篇文章，文学上称之为《后赤壁赋》。

这一年的十月十五日晚上，苏轼和两位朋友从雪堂出来，准备回临皋亭。他们经过黄泥坂的时候发现树上的叶子都脱落了，人影倒映在地上，仰头看见了明月。他们感到很惬意，一路歌唱着往前走。过了一会儿苏轼发出感叹："有客无酒，有酒无肴，月白风清，如此良夜何！"一个朋友对苏轼说："今者薄暮，举网得鱼，巨口细鳞，状如松江之鲈。顾安所得酒乎？"苏轼回到家和夫人王闰之商量。王闰之是一个贤惠、持家且通情达理的人，她对丈夫说："我有斗酒，藏之久矣，以待子不时之需。"苏轼听了非常高兴。

于是几个人带着酒和鱼，再一次游览赤壁。江水流淌的声音很清晰，岸边的悬崖还是那么陡峭。月亮在高山的映衬下显得非常小，江水落潮后石头露出了水面。时间没过多久啊，和三个月前的景象已截然不同，都认不出来了。苏轼提着衣服往山上走，他踩着崎岖的山石，拨开杂乱的植被，蹲坐在了像虎豹一样的岩石上，攀爬到了像虬龙一样的树木上，另外两个客人竟然没办法跟上来。

苏轼对着长空大喊了一声，周围的草木被震动了，山谷中也回荡着声音，顿时风声水声交杂在一起。苏轼突然有了一种悲伤的情绪，一会儿又转为恐惧，他感觉自己所处的位置有点阴森恐怖，不想再停留了。一行三人再次登舟，让小船在江水中随波逐流。

此时已经到了半夜时分，四周非常寂寥。恰好有一只孤鹤从东边飞来，它的翅膀像车轮那么大，羽毛是白色的。仙鹤长叫了一声，从船上飞过向西去了。

游览结束客人回去了，苏轼也睡下了。他梦见一个道士身着羽衣而来，道士作揖问苏轼："赤壁之游乐乎？"苏轼问他的姓名，道士却不回答。苏轼恍然大悟说："我知之矣。畴昔之夜，飞鸣而过我者，非子也邪？"（昨天晚上长叫着飞过赤壁的仙鹤就是您吧？）道士回头一笑，苏轼却从梦中惊醒。他赶紧开门去找这位道士，却只看见清朗的月光，其他什么也没有。

苏轼的这篇《后赤壁赋》描绘出了一番高妙的境界。其实不论是苏轼自己还是仙鹤、道士，都只是一种象征，展现了苏轼的精神世界。苏轼一生被儒释道三家思想所影响，当他仕途顺风顺水时，则以治国平天下为己任，兢兢业业为百姓做实事，而当他身处困境之中，总是能从佛家、道家的智慧中找到精神寄托，这也许是苏轼乐天知命的原因所在。

人在旅途，
且歌且行

转眼间，苏轼已经在黄州度过了五年的光阴。宋神宗元丰七年（1084 年）三月，已年近五十的苏轼突然接到了朝廷的诏令，于是他再次收拾起行囊，携亲眷一起告别了黄州。在经历世事变迁、尝遍苦辣辛酸后，再次踏上未知旅途的苏轼比以往更加淡定、更加从容。

离别黄州

苏轼被贬黄州这一偏僻之地，默默无闻地度过了几年光阴。而远在汴京的宋神宗心里却一直记挂着他。曾有一次，苏轼一个月没有出门，外界谣言四起，甚至有人说苏轼早就在黄州病死了。这话传到宋神宗耳朵里，他感到非常难过，叹息苏轼人才难得，并且因此而吃不下饭了。后来谣言不攻自破，神宗也很欣喜。

事实上，宋神宗从始至终都没有想置苏轼于死地，让他贬官黄州主要是因为御史们的进谏和苏轼对变法的态度。随着变法的深入，宋神宗也意识到，朝廷内不能只依靠新党主持变法，需要将变法派和保守派一起任用才能起到更好的效果，苏轼自然而然成了宋神宗重点关注的对象。

终于，在宋神宗元丰七年（1084年）的正月里，皇帝亲自下诏书，将苏轼移为汝州团练副使。虽然在官职上没有明显变化，仍不能签署公文，但汝州距离汴京距离非常近，这也就不难体会宋神宗的用意了。

苏轼在黄州生活了四年多，那里有他辛勤耕作的东坡，有雪堂，有赤壁，更留下了他文学、书法上的巅峰之作。得到新的任命，苏轼并不认为是一件好事，相反他更想在远离朝廷纷争的黄州继续生活下去。然而，皇命难违，苏轼一家从黄州出发了。

苏轼与王安石的会面

从黄州到汝州，最近的距离应该是一路向北，但苏轼决定沿着长江顺流而下，进入运河后再从淮河、汴水前往汝州。之所以这样绕道而行，苏轼有自己的考虑。此时，隐居在江宁的王安石听说苏轼要从长江路过，提前来到了江宁码头迎接他。苏轼见到王安石，调侃道："轼今日敢以野服见大丞相。"王安石则说："礼岂为我辈设哉！"这一对昔日的政敌相逢一笑泯恩仇。

王安石和苏轼之间的关系十分微妙，他们早年就相识，王安石比苏轼大十几岁，苏轼敬佩王安石的为人，王安石也欣赏苏轼的才华。在文坛上，他们是当时极有学问的两个人。变法开始后，他们之间政见不同，在政治上渐行渐远。然而这似乎并不影响两个人的私人交情，他们卸下官职，坦诚相见时，依旧是惺惺相惜。

这一次苏轼见到王安石，发现他和之前任首相时差别甚大。或许是由于政治失意，再加上丧子之痛，如今的王安石满面病容，衣着朴素，平日里骑着一头小驴，和普通老百姓没什么两样。但是对于苏轼的到来，王安石喜出望外。其实，王安石一直都很关注身在黄州的苏轼，因为他知道自己与苏轼只是君子之争，两人之间不存在私人恩怨。

有一次，王安石听说有人从黄州回来，就赶紧向他询问苏轼的情况，对方说苏轼最近写了一篇非常好的文章，王安石急不可耐地说赶快拿出来让我欣赏。当时距离晚上掌灯还有一段时间，王安石等不及了，就趁着傍晚的余晖认真品读苏轼的文章，一边欣赏还一边称赞苏轼真是人中之龙！

如今，这两个惺惺相惜的老朋友能够同处一处，交流学问，纵论时局，真是大慰平生。通过这次的会面，两个人也更加了解了对方。苏轼发现王安石并不是当初那个一味执拗、不听人言的宰相，王安石也了解到苏轼已不像以前那样锋芒毕露，处处与人为难。两个人通过这次会面，竟成了难得的知音。

退隐江宁的王安石对政治心灰意冷，不愿再牵扯朝廷的纷争。他还劝苏轼不妨在江宁购置田产、房屋，在这里安家过日子也是一个好的选择。苏轼大受感动，曾在一首诗中写道："骑驴渺渺入荒陂，想见先生未病时。劝我试求三亩宅，从公已觉十年迟。"这次的会面让苏轼觉得两人相知恨晚，若是这一切发生在十年之前，该有多好啊！

在江宁停留了一个多月后，苏轼告辞离去，他对王安石说，日后若在汝州，可通过水路常来江宁拜见先生。在此后的岁月里，苏轼在给王安石的信中多次提到，与王安石朝夕相处聆听教诲让自己受益匪浅，能够成为王安石门下的学生让自己感到十分荣幸。

苏轼原本想沿着运河水路前往汝州，但当他到达常州时，却被风景宜人的常州所吸引，于是便上书请求留在常州。宋神宗答应了，授予苏轼官职并同意他常住常州。这让苏轼十分欣喜。就在苏轼准备在常州购置房屋、田产，为以后的生活做准备时，朝廷发生了一件惊天动地的大事，彻底打乱了苏轼的计划。

宋神宗元丰八年（1085 年），年仅三十八岁的皇帝驾崩了。宋神宗励精图治，心怀抱负，想通过王安石变法使大宋国富兵强，但是新法推行的不利和朝廷内外纷繁复杂的局面让他忧郁成疾，年纪轻轻就病逝了。

这一年，年仅十岁的宋哲宗即位，由高太后垂帘听政。高太后是保守派，她一向反对变法革新，她迅速任命已经退隐十多年的保守派代表司马光担任宰相，主持朝廷政务。司马光上任后废除新法，贬斥变法的官员，之前遭受排挤的保守派人物则被复职、提拔，苏轼就是在这样的局面之下重返朝廷的。

宋神宗元丰八年（1085 年）五月，身处常州的苏轼接到被任命为登州军州事的诏令。于是，他又马不停蹄地赶往登州。然而，就在到达登州后不久，他突然又接到朝廷礼部郎中召还令。苏轼没有停歇，再次收拾行囊，与亲眷一起南下返京，并于元丰八年十二月抵达汴京。

此次重回汴京，苏轼迎来了人生中另一段高峰时光，他欣喜之余，却又不免有几分倦怠与怅惘，前路漫漫，不知又有怎样的遭遇在等待着他……

定风波·常羡人间琢玉郎

苏轼

王定国歌儿曰柔奴，姓宇文氏，眉目娟丽，善应对，家世住京师。定国南迁归，余问柔："广南风土，应是不好？"柔对曰："此心安处，便是吾乡。"因为缀词云。

常羡人间琢玉郎，天应乞与点酥娘。自作清歌传皓齿，风起，雪飞炎海变清凉。

万里归来颜愈少。微笑，笑时犹带岭梅香。试问岭南应不好，却道：此心安处是吾乡。

赏析

这首词一般认为创作于宋神宗元丰八年（1085 年）。当时的苏轼经历了"乌台诗案"后，从黄州到达常州、登州，后来朝廷重新起用他，这首词创作于和王巩的聚会当中。

王巩，字定国，"乌台诗案"中他为了给苏轼求情受到牵连，最终被贬官广西宾州。王巩与家人在岭南生活了几年。这次聚会苏轼发现老朋友从岭南蛮荒之地归来竟然神采奕奕，于是有了词作开头的小序：王巩家有一位歌女名叫柔奴，她眉目清秀，善于应对，原本家住京师。王巩从岭南回来后苏轼问柔奴："岭南一带的环境不怎么好吧？"回答说："让我内心安定的地方就是我的家乡。"苏轼听了大受感动，所以写了这首词。

苏轼在词中写道，常常羡慕世间英俊美貌的男子，上天也对他很好，让聪慧的佳人与他相伴。悦耳的歌声从柔奴的口中传出，如同清风拂面，初雪

降临，让原本炎热的蛮荒之地瞬间变得非常清凉。从万里之遥回到京城，她的容貌更加年轻了，微笑时还带着岭南梅花的清芬。我满心疑惑，试着问她："岭南的风土应该不太好吧？"她却回答："内心安定之所便是自己的家乡。"

"此心安处是吾乡"，苏轼听到了一位歌女说出了这样有见地的观点，感慨万千，才有了这首词的创作。词的上半首写了歌女的外在之美，下半首则直至心灵，赞美了柔奴的节操和人品。身处逆境之中随遇而安、甘之如饴，这正是苏轼在黄州的经历。这首词寄托了作者的人生态度，也为身处逆境的人战胜困难找到了秘诀。

第五章

功名如幻
人生起落是寻常

苏轼的一生大起大落、仕途坎坷，但生性乐观的他却如自己人生的看客，以豁达的心胸坦然面对世事无常，纵然人生旅途艰辛，但所见所想皆是辽阔的风物。

与其愁苦，不如坦然，苏轼不言苦难，将人生豪迈寄情于诗词、书画，在宋代文坛史上留下了不朽的传奇。

鲜花着锦，重返京都繁华地

人至中年，从人生低谷中走来的苏轼迎来他人生中被世人认为最风光的一段岁月。苏轼历经低谷之后荣光返京，虽身居高位，却未恋繁华，内心始终守得一片清风朗月。

朝堂居要职，心寄山水间

宋神宗元丰八年（1085 年），宋神宗驾崩，年幼的宋哲宗即位，高太后垂帘听政，重新起用保守派，苏轼被召回京都。

元丰八年的冬天，苏轼重返京都，迎接他的依旧是纷争不断的官场，只是不似之前那般汹涌。而此时的苏轼也少了年轻时的锐气，收敛了锋芒，将心思全部倾注于政务上。

返京在朝半月余，苏轼升任起居舍人，负责记录皇帝言行。此后数月内，苏轼的官职一升再升直至任职翰林学士，官居正三品，达到仕途的顶峰，负责撰写圣旨和国家重要公文。这一年的苏轼四十九岁，成为大名鼎鼎的"苏学士"。

苏轼任职翰林学士期间，政务缠身，他将精力和时间都投入在公文之上。作为皇帝身边御用的"笔杆子"，苏轼尽心尽责，偶有少许时间会客交友，忙碌却也充实。

元祐二年（1087 年），苏轼兼任侍读学士，成为皇帝的老师，教年幼的宋哲宗读书，为皇帝讲解经史。

苏轼此次在京都的约四年光景中，为了朝廷建设可谓倾尽心血，但仍时常被动地卷入朝堂纷争。纵然有高太后力保使其避免被政敌伤及根本，苏轼也无法全然置身事外，仍不可避免地被官场的钩心斗角所扰。

苏轼身在官场，心却早已将繁华看淡。伴随在苏轼身边的总有官场小人不断诋毁的声音，这些人一心想要扳倒苏轼，如此不纯净的荣华富贵之景，不要也罢。

关于繁华宠辱，苏轼在《论苦与乐》中是这样说的："乐事可慕，苦事可畏，皆是未至时心尔。及苦乐既至，以身履之，求畏慕者初不可得，况既过之后复有何物？比之寻声捕影系风迩梦尔。此四者犹有仿佛也。如此推究，不免是病……元祐三年八月五日书。"苏轼认为，繁华宠辱如声、如影、如风、如梦，来去皆应顺其自然，何必纠结。苏轼渴望回归山水间，但几次请求外调却未能如愿。

名声世无双，门下有奇才

苏轼本就才华横溢，重返京都身居要职后，其名声更是世间无双，许多文人都仰慕苏轼的才情。比如比苏轼小八岁的黄庭坚（字鲁直），为表达对苏轼的仰慕之情，曾主动写了两首古风投寄给苏轼，苏轼随后和诗回书。自此，二人便经常书信唱和。

苏轼在京都为官期间，黄庭坚抵达京都。二人初次见面，黄庭坚仰慕苏轼才华，随后拜至苏轼门下。

黄庭坚的岳父是苏轼的好友，在黄庭坚未拜至苏轼门下前，其岳父曾拜托苏轼赞扬黄庭坚，以助黄庭坚扬名。对此苏轼却婉拒，认为没有必要，苏轼是这样说的："此人如精金美玉，不即人而人即之，将逃名而不可得，何以我称扬为？"意思是说黄庭坚才华如精金美玉，以后名声必然是想逃都逃不掉，哪里还需要苏轼去为他扬名呢。

黄庭坚也果然如苏轼所说的那样，在文坛名声斐然，成为北宋的著名文学家、书法家，得以留名青史。

除了黄庭坚外，苏轼门下还有许多有才华的学子，比如和黄庭坚一起名列"苏门四学士"的秦观、晁补之和张耒。这三人也是宋朝文坛中非常有名望的人。秦观，字少游，是婉约派代表词人，在词作上有较高的成就；晁补之，字无咎，其词风豪爽，与苏轼的词风格极为相近；张耒，字文潜，词风柔情深婉。

　　苏轼本人非常欣赏这四位门生的才华。在《答李昭玘书》中，苏轼曾经表示："如黄庭坚鲁直、晁补之无咎、秦观太虚、张耒文潜之流，皆世未之知，而轼独先知。"

诗词欣赏

惠崇春江晓景二首（其一）

苏轼

竹外桃花三两枝，

春江水暖鸭先知。

蒌蒿满地芦芽短，

正是河豚欲上时。

赏析　　　　本诗创作于宋神宗元丰八年（1085 年），是苏轼题写在僧人惠崇的《春江晚景》画上的诗。惠崇的《春江晚景》共有两幅，一幅为鸭戏图，一幅为飞雁图，苏轼的诗则分别对应这两幅图描写了画中景色。

　　"竹外桃花三两枝，春江水暖鸭先知。"是苏轼对春天自然景色的描写。翠竹摇曳、桃花始开，这正是春天到来的信号。鸭子在水中觅食，水温的变化与气候的变化联系紧密，通过人的感官和动物的感官能真切地感受到春天的气息，体现了苏轼对自然的观察入微。

　　"蒌蒿满地芦芽短，正是河豚欲上时。"这两句承接上两句描写早春景色，却又是另外一幅别具生趣的景色，也是苏轼借由画中实景所联想到的早春画面。更有趣的是，这两句中所描写的蒌蒿、芦芽、河豚，均是可食用的美味，可谓正合美食家苏轼的心意，如此联想再自然不过。

　　就整首诗来看，画中有诗，诗中有画，春景中有静有动，由近及远，从眼前画中景到心中所想之景，实现了诗情与画意的完美融合。苏轼留给世间一片生趣盎然的早春景色，也让世人认识了如此生动和充满烟火气的苏轼。

西园雅集，文学美谈传颂千古

　　苏轼的一生中有过很多身份，他曾在朝为官，也曾躬耕为民，是名动京都的举子，也是著名的书法家、画家、美食家等。苏轼的书法和绘画同他的诗词一样具有极高的造诣，只是留存数量较少。

名流雅士，风云际会

　　苏轼的才情众人皆知，苏轼的好友——宋代著名画家李公麟曾作水墨纸本画《西园雅集图》，记录了一场流传千古的文化盛会，参与此次盛会的有当时赫赫有名的苏轼、苏辙、黄庭坚、米芾等人。

　　画作中，苏轼等文人雅士集聚一堂，彰显了宋朝文坛盛况，他们或吟诗赋词，或抚琴唱和，或打坐问禅，心无旁骛，乐在其中。

就画本身而言，画面生动、场景丰富、线条流畅，可谓画作之佳品，再加上画中之人皆为名流，所做之事皆为雅事，因此，这幅画被世人传颂，而画中名流际会盛景也实属难得，令世代文人向往。

苏轼也正如李公麟的《西园雅集图》中所描绘的那样，与当时的诸多文学大家均为挚友，他们相互欣赏，经常作诗唱和。以苏轼为代表的画中文人都是千古难遇的才子，对后世产生了深远的影响，后人仰慕他们的才情，也多临摹《西园雅集图》。究竟是名人成就了名画，还是名画成就了名人，不必去细辨分明。文人雅士际会本就难得，且出自一朝，彼此欣赏，如此和谐美好的文坛景象，怎能不令人向往和欣喜呢？

文人范式，豁达心性

苏轼的文章名扬天下，诗词流传千古。苏轼将自己的思想与情感畅快淋漓地倾注到文字之中，书写了属于他的辉煌。

苏轼的文章形式活泼，常翻新出奇。他擅长议论文，其文章一贯保持夹叙夹议而不失生动的写作风格，论说技巧高超，与以往的政论相比更多了些艺术感染力。这也正是苏轼科场范文能备受好评、广泛流传的原因。

苏轼的诗词生动、有趣，意境深远，充满哲理，引人深思。

一生浮沉，四方游走，这让苏轼的人生经历和阅历十分丰富。这些经历和阅历成为苏轼一生中宝贵的人生财富，它们充盈了苏轼的内心，并以文字的方式展现给世人。

苏轼的诗词包含着浓厚的深情，无论亲人还是朋友，总能激发苏轼丰沛的情感，如《和董传留别》《江城子·乙卯正月二十日夜记梦》《水调歌头·明月几时有》等，无论是悲情的"十年生死两茫茫"，还是婉约柔美的"但愿人长久，千里共婵娟"，更或是豁达豪迈的"囊空不办寻春马，眼乱行看择婿车"，苏轼总能用文字触动人心。

苏轼的诗词有高远的意境，他挥墨写赤壁、写江河、写清风明月、写自然中的万事万物，但又不仅限于这些事物本身。如在《赤壁赋》中，苏轼说："自其不变者而观之，则物与我皆无尽也，而又何羡乎……惟江上之清风，与山间之明月，耳得之而为声，目遇之而成色，取之无禁，用之不竭。"江水流逝，岁月如梭，一切都在变，但一切都没变，江水千百年间依然奔腾不息，明月无论圆缺总悬于天上，何必悲愁，不如尽情享受清风明月，过好当下。

最高级的人生哲学，不在别处，恰恰就在自然山水间、人间烟火里。苏轼的这一份人生豁达常人难得，更显弥足珍贵。

醉心书法，自出新意，不践古人

苏轼的书法可谓字如其人，自由洒脱。

苏轼擅长写行书和楷书，曾大量临摹学习前朝名家之作，但他在书法造诣上并不拘泥于对前朝名家的照搬复刻，而是融会贯通各家之长且有自己的特点。对此，苏轼曾这样描述自己的书法："自出新意，不践古人。"

苏轼的坎坷经历对其书法风格有重要的影响，黄庭坚曾说苏轼的书法早年"精到"，晚年时"渐近自然"。这一点并不难理解，不同心境下写出的字的风格是不同的，随着书法功底的日渐精进，所书写的字体结构与风骨也不同。

苏轼存世书法代表作有《治平帖》（早期作品）、《黄州寒食诗帖》《前赤壁赋》（中年作品），以及《洞庭春色赋》《中山松醪赋》（晚年作品）等。

苏轼书法碑刻 行书

诗画本一律，画外应有情

苏轼擅长绘画且画风大胆。因他喜欢竹木怪石，故多以竹子、枯木、怪石言志，以不拘泥于形式的自由笔触开创写意画风，画中有诗意，画外有真情。

目前已知苏轼名下体现写意之风的画有两幅，即《枯木怪石图》和《潇湘竹石图》。

《枯木怪石图》为纸本水墨画，纵 26.5 厘米、横 50.5 厘米，是苏轼任徐州太守时所创作的，现收藏于上海博物馆。

在《枯木怪石图》这幅画中，主体物共有两个，左边为怪石，右边为枯木。怪石纹理呈圆弧形，整个石头重心沉稳，紧邻枯木，石旁的枯木向右侧斜上伸展，身姿扭曲，树干绕弯后继续向上并展出细枝，形似鹿角。

米芾在《画史》中对苏轼的《枯木怪石图》做出这样的评价："子瞻作枯木，枝干虬屈无端，石皴硬，亦怪怪奇奇无端，如其胸中盘郁也。"有人认为，苏轼的绘画本就不注重写实而注重写意，因此，联系苏轼的坎坷遭遇，认为《枯木怪石图》中的枯木表达了苏轼挣扎向上的心志和意气。

《潇湘竹石图》为绢本水墨画，纵 28 厘米、横 105.6 厘米，相传是苏轼在黄州时的画作，现珍藏于中国美术馆。

《潇湘竹石图》被普遍认为是苏轼的励志画作。现存画作除了苏轼所绘的画心部分，另有大段的文字，文字为元朝书画收藏家杨元祥

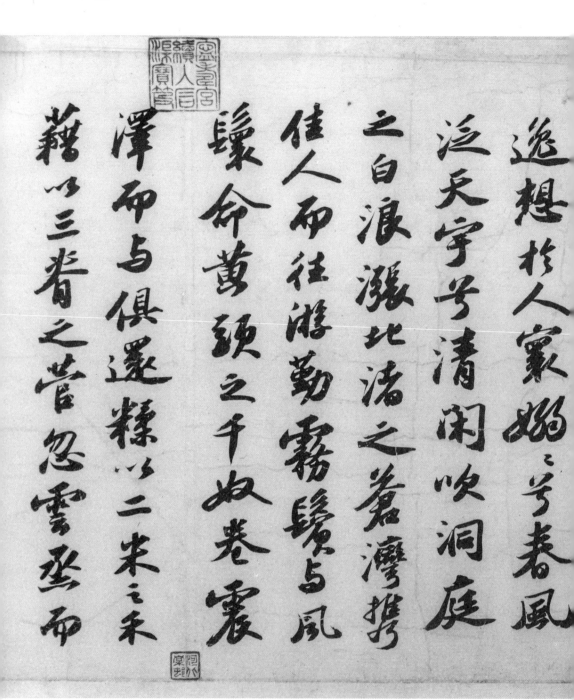

逸想於人寰媚、号春风
泛天宇号清闲唅洞庭
之白浪滠北滘之舊灣撝
佳人而往游勤霧臟与风
驂命黄顏之千奴卷震
潭而与俱遷糅以二米之禾
藉以三眷之菅忽雲丞而

《洞庭春色赋》行书

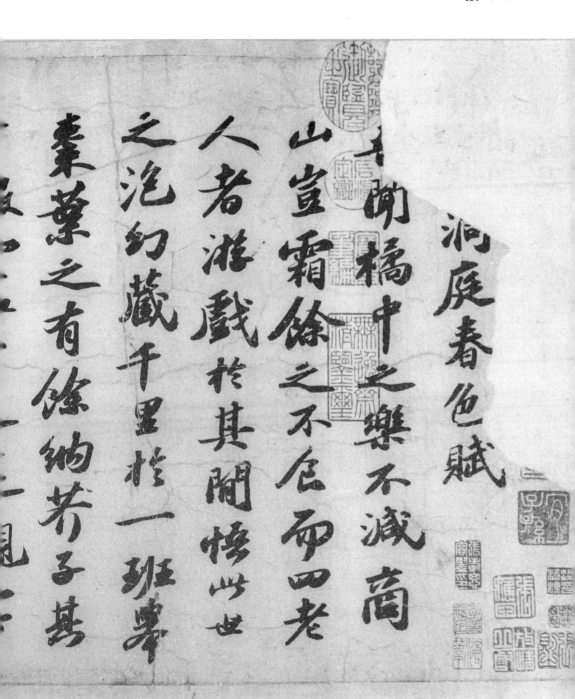

洞庭春色赋

山宣霜餘之不盡而四老

人者湘戲扵其閒悵此世

之泡幻藏千里扵一班舉

棄葉之有餘納芳于其

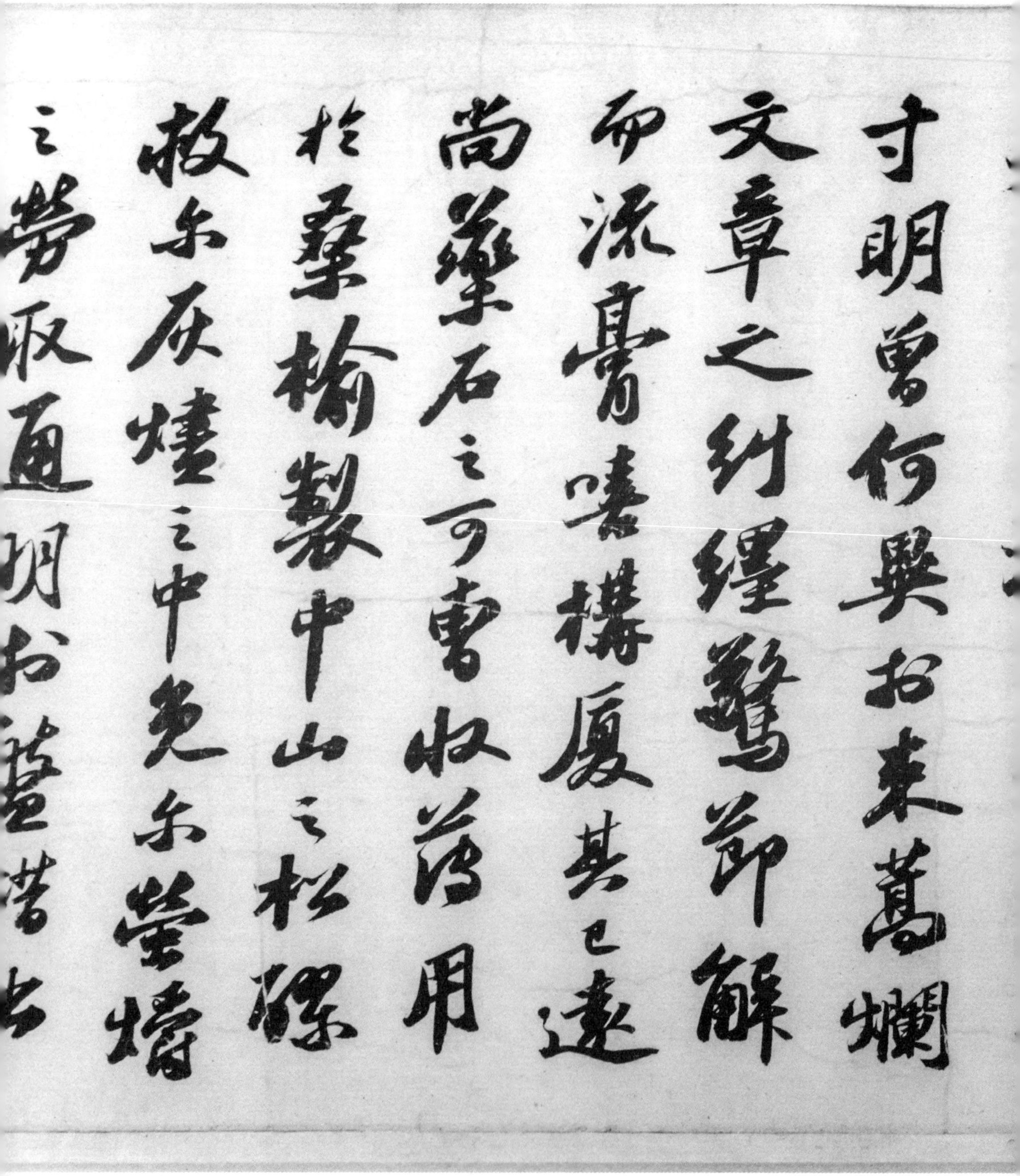
寸明曾何異於束蒿爛
文章之糾纏驚節解
而流膏嘻搆厦其已遠
尚藥石之可曹收薄用
於桑榆製中山之松醪
救爾灰燼之中免爾螢爝
之勞取通明於盤

《中山松醪赋》行书

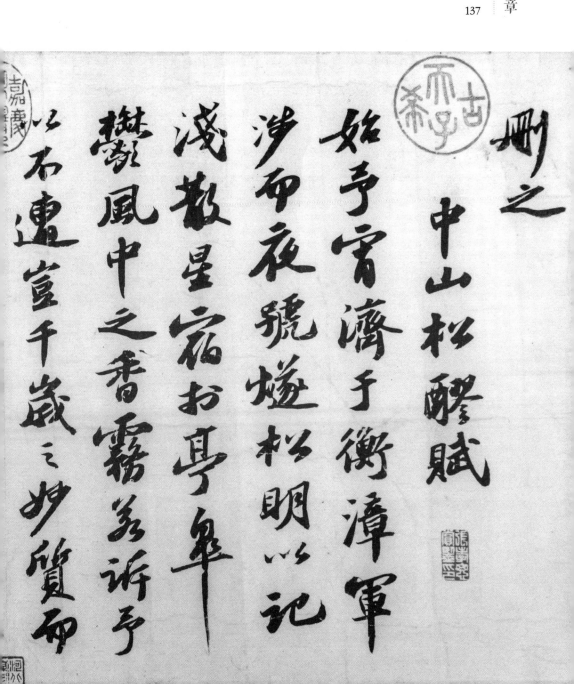

删之

中山松醪赋

始予官济于衡漳军

沙而夜号燧松明以记

浅散星宿孖亭皋

爇风中之香霜芴诉予

以石连宣千岁之妙质而

的题跋，题跋左侧有"轼为莘老作"五个字，据此五字有人认为《潇湘竹石图》是苏轼送给好友孙觉（字莘老）的画作。

在《潇湘竹石图》这幅画中，一大一小两块石头位于画的中心位置，大石的两旁有墨竹，表现出顽强的生命力。石头与墨竹的后面是隐约的江水（潇水与湘江），江面之上，雾霭氤氲，看不清边际，延伸了画面空间，带来辽阔的意境。

尽管有人认为，《潇湘竹石图》中的墨竹形态柔弱、缺乏神气，与苏轼的洒脱品格不符，因此对《潇湘竹石图》是否为苏轼的真迹存疑，但整体来看，《潇湘竹石图》中，墨竹的顽强生命力和潇湘（并非简单的地理意义上的潇水与湘江，也是古代文人表现自由与悲情的文化意象）的辽阔非常符合苏轼的作画风格和人生经历：顽强、奋进、豁达。也许，这正是《潇湘竹石图》的画中之意。

苏轼书《醉翁亭记》孤字剪裱 楷书 明拓翻刻本

诗词欣赏

书王定国所藏烟江叠嶂图

苏轼

江上愁心千叠山，浮空积翠如云烟。

山耶云耶远莫知，烟空云散山依然。

但见两崖苍苍暗绝谷，中有百道飞来泉。

萦林络石隐复见，下赴谷口为奔川。

川平山开林麓断，小桥野店依山前。

行人稍度乔木外，渔舟一叶江吞天。

使君何从得此本，点缀毫末分清妍。

不知人间何处有此境，径欲往买二顷田。

君不见武昌樊口幽绝处，东坡先生留五年。

春风摇江天漠漠，暮云卷雨山娟娟。

丹枫翻鸦伴水宿，长松落雪惊醉眠。

桃花流水在人世，武陵岂必皆神仙。

江山清空我尘土，虽有去路寻无缘。

还君此画三叹息，山中故人应有招我归来篇。

赏析

本诗是一首杂言古诗，是苏轼看《烟江叠嶂图》有感而作的题画诗，于元祐三年（1088 年）冬创作完成。诗的前 12 句描写画中景色，后 16 句抒发人生感悟。

中国山水画适合移动着看，每一步都有美的景象和意境，苏轼所看的《烟江叠嶂图》也具有这样的特点。从苏轼的诗中，我们能了解到画中醉人的景色：山峰层峦叠翠，远观山壁陡峭、飞瀑直泻，水汽弥漫；近看可见山野辽阔，山脚下小桥流水、野店人家，野趣盎然；再由近及远，江上一叶扁舟随波逐流，一直向江天连接处驶去，心绪也难免随之飘向远方。如此层次丰富、纵深无限的画面便透过苏轼的诗句展现在眼前。

"使君何从得此本，点缀毫末分清妍。不知人间何处有此境，径欲往买二顷田。"是由景至情的自然过渡。看了如此辽阔的烟江之景后，苏轼怎能不心生感慨呢？他渴望"买二顷田"隐居在这样如梦如幻的美景中，却又觉得自己或许不能隐居，因为自己在幽静之处已经待了五年，显然苏轼找的不是身体的隐居之所，而是渴望找到心灵的"桃花源"。

不相为谋，文坛大家与理学宗师的争辩

苏轼仕途坎坷，与政党纷争有很大的关系。发生在苏轼身上比较著名的争辩，除了被世人广泛知晓的苏轼与王安石之间的政见之争，还有苏轼与程颐之间的学术之争，这次争论也影响深远。

庆吊之礼，结怨之端

程颐，北宋理学家、教育家，字正叔，世称伊川先生。其为人端肃持重，与苏轼开朗豪爽的性格截然相反。

《太平治迹统类》中有文字详细记录了苏轼与程颐之间是如何结下矛盾的。苏轼与程颐对古礼的不同看法和相互争论成为二人"结怨之端"。

程颐提倡遵循古礼，应严格遵循传统礼节处事，但是苏轼却觉得
这样做未免太过刻板、不近人情。程颐在与苏轼的争辩过程中，引用
《论语》的"子于是日哭，则不歌"驳斥苏轼的"岂可贺赦才了，却
往吊丧？"苏轼则反驳程颐：孔子说"哭则不歌"，但没说"歌则不
哭"，并指责程颐"燠糟鄙俚叔孙通"（《孙公谈圃》），认为程颐所
说的话看似有道理，实际上却粗暴无礼。

苏轼与程颐在礼仪方面的观点不同，进一步引发了二人在官场上
的相互猜忌和政见不合，由此还进一步牵引出"蜀洛党争"。二人所
属党派之间的相互倾轧一直延续到南宋高宗时期。

天理性情，是非难辨

很多人认为苏轼与程颐之间的争论不过是礼仪观念不同，但更多
的人认为，苏轼与程颐之间的争论是更深层次的天理性情方面的哲学
之争。

程颐和哥哥程颢是北宋理学家的奠基人，孔孟之后，宋代理学发
展昌盛，"天理"则是程颐和程颢的独创学说。程颢曾说："吾学虽有
所受，天理二字却是自家体贴出来。"（《二程外书》）程颐则提出"性
即理也"（《二程遗书》）的观点。对此说法，宋代著名理学家朱熹也
极为赞同。由此也不难理解程颐在与苏轼的争论过程中对"天理"的

维护了。

程颐"尊儒重道",而苏轼却不认可"人之初,性本善",在苏轼看来,"夫太古之初,本非有善恶之论"(《苏东坡全集》),"性之与情,非有善恶之别也"(《东坡易传》)。他认为情与性并不相对,二者在本质上是一样的,性无善恶,情也无善恶。

由此可见,苏轼与程颐的争辩从根本上来说是对儒学核心思想的争辩。

首先,二人的性格不同,一人因循守旧,强调"节情制欲",另一人豁达豪放,追求"遂情达欲",又怎能有统一的观点呢?其次,二人对自然规律、人的性情的看法不同,自然也就导致了二人的哲学观、价值观的不同。

苏轼与程颐之间的争辩之源根深蒂固,绝非表面的礼仪之争,也不是政见之争,而是更深层次的哲学之争。至于苏轼与程颐二人谁对谁错,孰是孰非,只有留给后来人继续讨论和评判。

次荆公韵四绝（其三）

苏轼

骑驴渺渺入荒陂，

想见先生未病时。

劝我试求三亩宅，

从公已觉十年迟。

赏析

说起朝堂争辩，谁对谁错有时哪里又说得清呢？世人皆知苏轼与王安石政见不合，是政敌，却少有人知晓二人也是好友。

《次荆公韵四绝》（其三）便是苏轼与王安石"金陵之会"时创作的。荆公即王安石。

元丰七年（1084 年）的秋天，苏轼得到朝廷的任命去汝州，途经南京（金陵），苏轼便想到了罢相隐居在此的王安石，他听说王安石大病初愈于是想去探望。在去之前，苏轼还担心拜访之行唐突，特地寄信给王安石，王安石欣然回信约定金陵会面。

听说苏轼前来，王安石身穿乡野农家的衣服早早在苏轼的船只停靠处等苏轼，苏轼来不及穿戴整齐便匆忙下船施礼。苏轼说："我今天竟敢以野服见大丞相。"王安石回道："礼岂为我辈设哉。"表示退居之人不必讲究礼节。

"骑驴渺渺入荒陂，想见先生未病时。"描写

了苏轼前来探望王安石的情景，来到偏远的山野间，特地来探望王安石，并表达了自己早就要来（生病前就应该来）拜访和探望王安石的想法。如此恳切的描述，谁还会想到二人曾经是政敌呢。

"劝我试求三亩宅，从公已觉十年迟。"从这两句诗中，可以知道王安石劝说苏轼在南京买田置业，以便二人能相伴常住，苏轼也非常赞同这个提议，回复王安石称离您退居已有十年（实际是八年，这里是概称）了，自己其实早就应该来相伴左右了。可惜的是，苏轼此后仕途坎坷，这一约定并未能如愿，但二人并没有因为政见不合而有隔阂，这份彼此欣赏和尊敬的情谊令世人称赞。

名士本色，刚直不阿遭弹劾

以苏轼豁达的性格，怎能甘愿为权贵和谗言所累呢？但他刚正不阿的名士本色，也必然逃不掉谄媚小人的流言。留京还是请调，苏轼有他自己的选择。

屡遭弹劾，殃及亲友

朝堂之上，王安石罢相退居，改革派的一系列措施难以落实，朝廷新兴势力极力打压改革派而将国运推向另一个极端，再加上苏轼不断遭受各党派无中生有的弹劾，这使他有了远离京城纷争漩涡的想法。

苏轼的高风亮节众人心知肚明，但朝堂上的局势却被有心之人所左右，在弹劾苏轼不成后，苏轼所赏识、举荐的人也屡遭诽谤，这令苏轼远离朝堂、请求外调的决心愈发强烈。

急流勇退，二任杭州

宋哲宗元祐四年（1089 年），苏轼多次请调之后终于获得朝廷的批准，任龙图阁学士、知杭州。

曾经锒铛入狱，后又位极人臣，大起大落间，恐怕苏轼也会对这沉浮的人生有恍如梦境的感慨。

功名如幻，正如苏轼所说"月有阴晴圆缺，此事古难全"，人生不会一帆风顺，起起落落最是寻常。只是很少有文人能像苏轼这般将人生沉浮看得如此平常罢了。

苏轼的豁达心性令他看淡人生起落，自请外调，他认为只有远离纷争的漩涡才能活得更自由自在，与山水间的自由相比，荣华富贵便随它去吧。自请外调，开启第二次到杭州做官的旅程，这对苏轼来说，也将是一个新的开始。

第六章

逆旅行人

天涯踏尽红尘路

在党争中孑然一身的苏轼遭受了新旧两派的打压，于是他请求外调，远离纷争，将自己的豪情寄寓于天地之间。

从杭州到颍州，从扬州到定州，漂泊羁旅未能磨灭苏轼的斗志，一向乐天知命的他看淡荣辱，享受当下。治西湖、修堤坝，平除水患，整理军纪……他用心为百姓做事，政绩斐然，广受赞扬。

重返杭州，治西湖，修苏堤

宋哲宗元祐四年（1089年），苏轼任龙图阁学士知杭州，这是他第二次到杭州做官。上一次还是在十八年前，当时苏轼在杭州任通判。

一任杭州期间，苏轼体察民情，政绩卓著，偶得闲暇时，生性喜好游山玩水的他呼朋引伴，遍览美景。那时候的他沉醉于当地的湖光山色，在这里留下了很多名篇佳作。此次再回杭州，苏轼感慨良多。多少年来，波光潋滟的西湖时常荡漾在他的梦中。这次，除了要见故人、欣赏故景外，他也立志要治理好杭州，为当地百姓办实事。

苏轼刚到杭州时，这里正遭受着旱灾，于是他上奏朝廷，请求宋哲宗同意让杭州百姓少交一些贡米，同时开仓放粮，赈济百姓，使百姓免受饥荒之苦。在他的多方努力下，百姓终于平安地度过了荒年。

二任杭州期间，苏轼做的最重要的事情就是治理西湖。西湖是杭州的主要水源地，但湖中淤泥常年无人清理，堵塞了河道。湖中水草丛生，占领了大片水域。西湖的淤塞大大阻碍了当地农业生产的发展，苏轼在考察西湖周边情况后也不免发出感叹："葑合平湖久芜漫，人经丰岁尚凋疏。"（《去杭十五年复游西湖》）

当地百姓深知苏轼是位贤良爱民的好官，于是齐聚州府，请求苏轼治理西湖。在乡亲父老们的殷殷期望下，苏轼扛起了治理西湖的重任。他一次次亲赴西湖周边，花费了大量的时间和精力去做实地调研，并广泛收集意见，制定了具体的治湖规划。

宋哲宗元祐五年（1090年）四月，苏轼召集当地民工，正式开启了全面治理西湖的工程。同时，他亦作《杭州乞度牒开西湖状》，上书宋哲宗，请求朝廷拨款，治理西湖。

在这份上书中，苏轼描述了西湖"水涸草生，渐成葑田"的现状，指出"杭州之有西湖，如人之有眉目"。他从民生、农业灌溉等方面着手，将必须治理西湖的原因一一列出，言辞恳切，字字珠玑。另外，苏轼还上《申三省起请开湖六条状》，阐述了治理西湖的详细计划，对可能付出的人力、物力、财力等方面都作出了预估，逻辑缜密，条理清晰，因此也获得了批准。

治理西湖的工程开启后，苏轼日日到湖边巡视工程进度。有时候忙得顾不上回府用餐，他便和浚湖的民工一起用餐。他的贤良爱民、平易近人收获了当地百姓一致的称赞。

随着工程的进度向前推进，一大难题浮出了水面——如何处理从西湖中挖出来的堆积如山的淤泥呢？苏轼冥思苦想许久，终于想出周全之策，即用从湖中挖掘出的淤泥、水草修筑起一道长堤，连接湖南面的南屏山和北面的栖霞岭，而贯穿西湖南北后，此地的交通也将变得大为便利，人们也不必再绕湖三十里去往湖对面了，只需穿越湖中长堤即可。

开湖筑堤期间，恰逢端午佳节。当地的百姓为了表达对苏轼的感激和爱戴之情，特地在端午节那天抬猪担酒，热热闹闹地送给苏轼过节。苏轼收下百姓的过节礼后，命人做成美味的东坡肉送到西湖工地，分发给辛苦劳作的民工。大家大快朵颐，只觉得这道美食风味独特，香糯不腻，可口至极。

经过半年的疏通与治理，西湖里的淤泥水草都被铲除，整个湖面水波清澈，焕然一新，一条长堤横贯其中。苏轼命人在长堤上种植柳树、海棠、芙蓉等多种花木。待来年春日，便有烟柳拂堤、流莺恰恰之景，走在堤上如置身仙境，时人谓之"苏堤春晓"。

苏轼还将岸边的湖面租给百姓种植菱角，这样既可以清理水草，也能够让百姓增加一些收入。同时，苏轼还命人在湖中心修建了三座石塔，禁止百姓在石塔围成的区域种植菱角，这样就能够保障西湖中心水域的开阔。这三座石塔构成了西湖独特的美景——"三潭印月"。

竣工之日，杭州百姓都来到西湖旁，一边欣赏美景，一边称赞苏轼体恤民情、关心百姓。苏轼曾作诗回忆当时的情景："我在钱塘拓湖渌，大堤士女争昌丰。六桥横绝天汉上，北山始与南屏通。忽惊二十五万丈，老葑席卷苍云空。"

杭州苏堤

苏轼将西湖治理得很成功，运河重新与西湖相通，百姓可以引河水灌溉农田，提高了粮食产量。

西湖有了苏轼，又变成了水光潋滟的西子湖。苏轼还为西湖增添了"苏堤春晓"和"三潭印月"这两道美景，为杭州留下了传承千年的文化遗产。

绿水逶迤、芳草长提，苏轼泛舟湖上，饮酒作诗，傍晚方归。诗云："醉中吹堕白纶巾，溪风漾流月。"

三潭印月

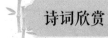

诗词欣赏

与莫同年雨中饮湖上

苏轼

到处相逢是偶然，梦中相对各华颠。

还来一醉西湖雨，不见跳珠十五年。

赏析

宋哲宗元祐四年（1089 年），苏轼调任杭州知州，回到了阔别已久的杭州。在杭州城中，苏轼遇到了时任两浙提刑官的莫同年，即莫君陈。莫同年是湖州归安人，与苏轼是同年的进士，两人早年间便有交往。二人在雨中观赏着西湖美景，苏轼有感而发，作下这首七言绝句。

首二句"到处相逢是偶然，梦中相对各华颠"描述了苏轼与老友偶然重逢、惊喜异常的情形。他们两两相望，仿佛是在梦中，但看到彼此头上的白发又想到这些年来的命运颠簸、无数的离别悲情，气氛又变得伤感起来。其在意境上与苏轼早年间所写的"人生到处知何似，应似飞鸿踏雪泥"的诗句有着相似之处，都是感叹人生处处充满了不确定性，个体生命在宏阔的时空面前显得如此渺小无力。

　　在后两句中，作者感叹时光匆匆流逝，转眼已过去了十五年。十五年前，苏轼任杭州通判时曾作有"白雨跳珠乱入船"的诗句（《望湖楼醉书》），如今再次与老友重逢西湖雨中，再见"跳珠"之景，难免有恍如隔世之感。全诗虽无悲喜二字，却将故友重逢时悲中有喜、喜中夹悲之情刻画得入木三分，体现了作者高超的文学水平。

湖山依旧，人事全非

宋哲宗元祐六年（1091年）二月，朝廷下旨将苏轼调回汴京。彼时苏轼的好友钱勰也要离开越州（今浙江绍兴）前往瀛洲（今河北河间）赴任，二人在杭州小聚。席间，彼此伤感不已，一股淡淡的离愁弥漫开来。苏轼却振作精神，劝解友人不必因离别而惆怅不已，因为人生就像一场旅行，所有人都是旅途中匆匆的过客，而相聚和别离，都是人生的常态。

值得一提的是，在送别钱勰期间，苏轼曾作下一首名词《临江仙·送钱穆父》，他旷达洒脱的人生态度在这首词中体现得淋漓尽致。全词如下：

一别都门三改火，天涯踏尽红尘。依然一笑作春温。无波真古井，有节是秋筠。

惆怅孤帆连夜发，送行淡月微云。樽前不用翠眉颦。人生如逆旅，我亦是行人。

这首《临江仙·送钱穆父》情韵与理趣皆具，一改其他送别诗哀怨愁苦的基调，彰显出苏轼坚韧的心性和强大的精神力量。"人生如逆旅，我亦是行人"的名句极富哲理，因此流传千古。

苏轼看淡别离，恰恰是因为在辗转奔波的日子里，他经历的离别太多。多少次，他深夜里辗转反侧，难以入眠，只有月光静静洒落在旁。宦海沉浮几十年，青丝早已成华发，昔日老友们也相继离他而去，令他一次次感叹："湖山依旧，人事全非"。

尤其是这一次回杭州，他在游历故景时想到十七年前，自己和张先、陈舜俞、杨绘、刘述、李常在（俱为当时与苏轼交好的文人）在吴兴频频聚会时的情景。六人把酒临风，相互唱和，欢醉而归，一时传为佳话。十七年光阴如流光一瞬，如今，张先、陈舜俞等人皆已去世，"六客"只余苏轼一人，看着熟悉的景色不过徒增物是人非的落寞。坚强如苏轼，也不禁感叹："十五年间真梦里。何事。长庚对月独凄凉。"

然而惆怅始终是一时的，对于这位千古才子而言，岁月如歌，或激昂豪迈，或婉转低沉，但萦绕其中的主旋律始终是不变的初心。正因如此，他才从不为逆境所累，始终如傲霜残菊般坚守本心，洒脱地面对离别，安之若素地面对人生中的种种不如意。在逆境中随缘自适，于最低处超然达观，便是苏轼心性的真实写照。

宋哲宗元祐六年（1091 年）三月，苏轼回到了汴京，升为翰林学士承旨、兼侍读。当时，苏辙为尚书右丞，位高权重。兄弟二人同居高位难免遭人嫉妒。

程颐的门生贾易、御史中丞赵君锡等人上奏弹劾苏轼，说苏轼在1085 年所写的《归宜兴留题竹西寺》有庆幸神宗去世的意思，是对先帝的不敬。

苏轼上奏解释说，当时自己归耕常州的奏请得到了批准，又看到粮食丰收，心中欢喜。走到竹西寺外，听到百姓讲"好个少年官家"，便为皇帝感到开心，所以写下了"山寺归来闻好语，野花啼鸟亦欣然"这样的句子，实在是没有不敬先帝的意思。

苏轼上《辩题诗扎子》，请求皇帝严惩赵君锡、贾易等人，并说："所贵今后臣子，不为仇人无故加以恶逆之罪。"

朝堂上的党争使苏轼身心俱疲，他不断上书请求外调，终于在八月得到了皇帝的准许。皇帝将苏轼调往颍州（今安徽阜阳）做知州。

1092 年，苏轼前往颍州，路过淮河时作了一首《淮上早发》。诗云："澹月倾云晓角哀，小风吹水碧鳞开。此生定向江湖老，默数淮中十往来"。

外调时苏轼已年近花甲，但仕途的失意和长久的漂泊都不能使他一蹶不振。苏轼凭借乐观的心态纵情山水，欣赏着淮河边的淡月笼云、波光粼粼。

从汴京到杭州、从杭州到密州、从密州到湖州……苏轼默默数着自己经过淮河的次数，感叹自己每次到地方赴任都会经过这里。但他并没有羁旅的愁苦，反而希望自己能在这如诗如画的山水间悠然老去，归隐江湖。

诗词欣赏

八声甘州·寄参寥子

苏轼

有情风万里卷潮来，无情送潮归。问钱塘江上，西兴浦口，几度斜晖。不用思量今古，俯仰昔人非。谁似东坡老，白首忘机。

记取西湖西畔，正春山好处，空翠烟霏。算诗人相得，如我与君稀。约他年、东还海道，愿谢公、雅志莫相违。西州路，不应回首、为我沾衣。

赏析

《八声甘州·寄参寥子》写于苏轼临别杭州之际。参寥子是一位僧人，也是苏轼的挚友。

这首词以钱塘江水起兴，境界开阔。千百年来，江水滔滔不绝，潮起潮落间，似是有情却无情。如人生在世，世事无常。很多变化不过俯仰之间，所以不用去想古今的盛衰。飘零半生的苏轼从宦海的沉浮中超脱了出来，忘却机心，超然物外。

或许是离别的愁绪感染了苏轼，他说自己会记得杭州的山光水色，记得西湖的烟柳翠幕。他向好友坦言，自己也有一个像谢安那样的愿望，希望有朝一日能够走海路回到杭州。

谢安晚年想要离开都城建康，走海路回到曾经隐居的东山，但他在路上生病了，只得返回建康治病，最后在建康离世了。谢安返回建康时曾经过西州门，谢安的侄子羊昙有一天走到西州门时想到了

谢安，便悲痛大哭。于是苏轼说，希望自己的愿望
能够实现，不让友人为自己抱憾而泣。

　　这首词的境界是开阔的，如钱塘江水浩浩荡
荡；词中的感情是细腻的，如山中溪流委曲婉转。
苏轼将这二者融为一体，用宏大的景表达了幽微的
情，实在是独具风韵、妙不可言。

奔波劳苦，
两年阅三州

庙堂的利益倾轧束缚着苏轼的脚步，只有身在地方他才能真正地施展拳脚。纵是劳苦奔波，也不曾动摇他忧国忧民的心。无论身在何处，苏轼都能做到以民为本。他不曾辜负时光，也不曾辜负百姓。

颍州治水患

宋哲宗元祐六年（1091 年）八月，苏轼任龙图阁学士、知颍州。

在苏轼就任之前，汴京下起了连绵大雨。由于汴京临近黄河，容易出现水患灾害，朝廷决定将蔡河中的水引入颍河，以此泄洪。但蔡河流速过慢，难解燃眉之急。于是，有人向哲宗提议，挖掘八丈沟，将水流引入颍河。

苏轼到达颍州之后就对颍河进行了实地考察，了解了颍河的基本情况。苏轼认为，开挖八丈沟会占用部分耕地，劳民伤财，又不得人心。而且，颍河属于淮河的支流，而新沟地势低于淮河，如果开凿八丈沟，淮河水在汛期就可能灌入八丈沟，这样不仅不能排水，反而会引起河水倒灌，加重水灾。

苏轼到任之后，连写了《申省论八丈沟厉害状》《奏论八丈沟不可开状》等多条奏状，上书朝廷，反对八丈沟的挖掘工程。苏轼在奏状中将自己的考察结果一一列出，陈述利害。在苏轼的劝说下，哲宗最终同意放弃八丈沟的挖掘计划。

任职颍州期间，苏轼大修水利，全力发展农业，为百姓做了不少实事。他还利用过往治理杭州西湖的经验去治理颍州西湖，获得了当地百姓的交口称赞。

在古代，颍州西湖是颍河、清河、小汝河、白龙沟四水汇流处。欧阳修在颍州做知州时，颍州西湖"平湖十顷碧琉璃"。等到苏轼在颍州做知州时，颍州西湖的堵塞问题已经很严重了。

于是，苏轼便命人疏浚河道，将清河、白龙沟两条重要的河道疏通了。同时，苏轼借鉴了杭州西湖的治理经验，用湖中淤泥堆成堤坝，筑成长堤。这样一来，颍州西湖不仅能够用来泄洪、灌溉农田，其通航能力也得到了提升。湖中船只可以通过颍河、清河直接进入淮河。

经过苏轼全力治理的颖州西湖得以再现昔日烟波浩渺的美丽景色，成了人们游湖赏景的胜地。

深秋时节，苏轼在湖边散步，听水声潺潺。忽然，他听到湖边有歌女在唱欧阳修的《木兰花令》，心里不禁泛起淡淡的感伤。此时距离欧阳修离世已近 20 年，距离欧阳修作《木兰花令》已有 43 年，时光一晃而逝，故人的音容笑貌仍时时浮现在苏轼的眼前。

"与余同是识翁人，惟有西湖波底月。"颖州西湖记录着欧阳修的功绩，西湖边的明月也会记得欧阳修夜游的身影。而如今，这片湖水也记录着苏轼走过的痕迹，后人每每凝望着散落湖中的月光也会回想起苏轼的功绩。

扬州除积欠、改民生

宋哲宗元祐七年（1092 年）二月，苏轼被调到了扬州。当时苏门四学士之一的晁补之在扬州做通判，特意作诗相迎。苏轼听闻后也作诗相和："赖有风流贤别驾，犹堪十里卷春风。"

苏轼在赴任途中走访百姓，了解到当地百姓为积欠所困，即使是丰年，为了交积欠也要节衣缩食，过得十分清贫。甚至有些百姓因还不起积欠被官吏逼迫、打骂。

为了帮助百姓，苏轼写下了《论积欠六事并乞检会应诏所论四事一处行下状》，请求朝廷去除积欠。苏轼说自己在任杭州、颖州知州时，就见两浙、京西、淮南的百姓被积欠压迫，难以为生。他指出，积欠不除，百姓没有收入，国家就没有税收，那么国家和人民都会为积欠所困。

在苏轼的坚持下，皇帝最终采纳了他的意见，宽免积欠。苏轼知道后欢喜异常，饮酒庆祝，并和陶渊明的《饮酒》，作《和陶饮酒二十首·其十一》，以"诏书宽积欠，父老颜色好"之句表达自己激动的心情。

苏轼到扬州时正是芍药花开的时节。苏轼也很喜欢芍药，他曾以"扬州近日红千叶，自是风流时世妆"之句赞美扬州芍药。

当时扬州官员正在筹办万花会。这些官员告诉苏轼，蔡京在扬州任职时效仿洛阳牡丹，创办扬州万花会。万花会上要展示近十万支芍药花，可见满园春色、繁花似锦的美好景象。

但苏轼觉得这样做劳民伤财，不仅损伤了大量花枝，也损害了花农的利益。因此，苏轼决定取消扬州万花会。他还特意写了一篇《以乐害民》来陈述自己的观点，表示自己不愿意"以一笑乐为穷民之害"。

除了民生工程，苏轼还为扬州增添了人文景观。欧阳修在扬州任职时，曾在大明寺内修建了平山堂。为了纪念欧阳修，苏轼在平山堂后修建了谷林堂，取"深谷下窈窕，高林合扶疏"之意，以寄托哀思。

欧阳修为官清明，受到百姓的爱戴。而苏轼作为欧阳修极为看重的晚辈，并没有让恩师失望，无论是诗文还是政绩，都能与前辈比肩。平山堂和谷林堂静静伫立在山间，见证着苏轼与欧阳修跨越年龄、超脱生死的情谊，构成了扬州极具文化底蕴的景观。

在处理繁杂政务之余，苏轼依然会忙里偷闲，"陶陶乐尽天真"。

苏轼喜欢收藏奇石，偶然一日，他得到了一绿一白两块石头。苏轼将石头"渍以盆水"，将盆放在案间，并题诗云："梦时良是觉时非，汲水埋盆故自痴。"

苏轼在扬州任职仅半年，七月，朝廷便将苏轼召回了汴京，任兵部尚书，之后，又任礼部尚书。此时的他身处汴京这个政治漩涡，越来越感到沉闷压抑，对纷扰不休的党争也感到倦怠厌烦，于是再次请求外调。宋哲宗同意了苏轼的请求，将苏轼调出汴京，到定州任知州。

定州整军务、兴农业

定州（今河北定州）处于宋辽边境，地理位置极为重要，是军事重地。韩琦在定州任知州时，曾将定州治理得非常好，军事力量强大，百姓安居乐业。

但当苏轼到达定州后却发现定州军队的情况非常糟糕。军队散漫，官兵不服从管理；军队训练不成章法，军事防御能力低下；军中还存在赌博、偷窃等问题。官兵欺压百姓，百姓生活困苦，怨声载道。

为此，苏轼写下了《乞降度牒修定州禁军军营房状》《乞增修弓箭社条约状》等多条奏折，陈述定州现状，并要求朝廷拨款，充实定州军队的军备物资，以提高其作战能力。

苏轼制定了一系列的措施整顿军队。严惩违反军纪者，要求士兵遵守军规军纪。苏轼严厉惩罚了军队中贪污、偷盗、赌博的士兵，以正军法。同时，苏轼亲自检阅军队，重罚了不守军礼的官兵。这样整顿下来，定州军队的情况有了很大的改善，军事力量也得到了提高。

除了整治军队，苏轼也关注到了定州的民生问题。当时定州遭遇水灾，粮食减产。苏轼上奏朝廷，要求减免税收，开仓放粮，赈济灾民。苏轼的一系列举措帮助当地百姓度过了水灾，稳定了局面。

苏轼很重视定州的农业发展。在经过了实地走访、考察之后，苏轼组织定州农民种植水稻。由于定州百姓从未种植过水稻，苏轼除了专门请人来教百姓种植水稻外，还亲自为百姓做示范。在他的指导和鼓励下，定州百姓很快就掌握了水稻种植的技术。

由于农事繁重，农民在做农活时喜欢唱当地的小调，以缓解疲劳。苏轼听到后，将小调加以修改，并填了词，成了当时流传度极高的"插秧歌"。如今的定州秧歌已经演化成了定州的特色戏曲，是国家级非物质文化遗产。

苏轼在定州整顿军纪、发展农业，终于使百姓安居乐业，再现昔日的繁华。闲暇之余，他也喜欢烹茶饮酒、吟诗作赋，以诗言志。

定州百姓喜欢用松果泡水，认为这样可以祛除疾病、强身健

体。苏轼听说后，将松果熬制成水，之后用此水酿酒。酿出的酒
清香甘甜，苏轼很是喜欢，为其取名中山松醪，并作《中山松醪
赋》，感叹道："曾日饮之几何？觉天刑之可逃。"由此可见，苏
轼的旷达远非常人可及。他是一位不折不扣的生活家，向来深知
"浮名浮利，虚苦劳神"。无论身处何方，他都会孜孜不倦地挖掘
生活的趣味，并乐享其中，即使身在天涯，依然能"对一张琴、
一壶酒、一溪云"自得其乐。

第七章

流放岁月

人间至味是清欢

宋哲宗元祐八年（1093年），垂帘听政长达
八年之久的高太后薨逝，年轻的宋哲宗开始亲政。
宋哲宗重新起用熙丰党人，而苏轼不断受到贬谪。
晚年的苏轼被流放到惠州、儋州等地，但他总是能
随遇而安，以自己人性的光辉照亮周围的人。苏轼
在人生旅途的最后时光遇赦北归，他也在这漫漫旅
途中走完了自己传奇的一生。

谪居惠州，
苦中作乐，
随遇而安

高太后执政期间被称为"元祐更化"。她废除新法，恢复旧法，重用保守派而打击变法派，让朝廷掀起了新一轮的党争。保守派官员被称为"元祐党人"，在熙宁、元丰年间比较活跃的变法派官员则被称为"熙丰党人"。

宋哲宗十岁即皇帝位，在此后的八年间一直处于高太后的压制之下，他早已对高太后心怀不满。元祐党人在高太后执政期间对宋哲宗的冷漠也让他心生怨恨，因此他亲政后罢黜元祐党人，重用熙丰党人，甚至指责高太后"老奸擅国"，追贬已经去世的司马光等元祐大臣。

宋哲宗积极恢复新法，在亲政的第二年将年号改为了"绍圣"，意为绍述宋神宗时期的新法。他召回了熙丰党人的重要人物章惇，并任命章惇为宰相，主持和恢复新法的各项政策。与此同时，以章惇为首的熙丰党人也开始了对元祐党人的报复和迫害。

章惇与苏轼两个人的关系极其微妙复杂，他们在宋仁宗嘉祐二年
（1057年）一同进京赴试，苏轼考中了第二名，章惇也中了进士，从
此开始步入仕途，两人也保持着非常要好的私人关系。对于变法，两
人的政见虽然不同，但并没有影响他们的交情。"乌台诗案"中，章
惇替苏轼据理力争，积极营救老友，后来苏轼还将章惇的儿子章援培
养成了进士。

"元祐更化"时期，章惇政治失意，苏辙作为元祐党人的代表，
和其他大臣一起弹劾熙丰党人，章惇首当其冲。此时的苏轼处于十分
尴尬的境地，一边是多年好友，一边是手足兄弟，这令他难以取舍，
所以苏轼选择了沉默。也就是在元祐年间，章惇与苏轼、苏辙兄弟的
关系逐渐破裂。章惇屡遭弹劾，连自己父亲去世都没能去看一眼。章
惇与苏轼之间开始渐行渐远。

如今的章惇可谓一人之下万人之上，他势必要对元祐党人进行打
击报复，苏轼这位曾经的朋友也被归在其中。绍圣元年（1094年），
元祐党人大多被外贬，尚在定州的苏轼被取消了翰林学士、定州知州
等职务，被派往英州任职。英州在今天的广西，宋朝时期是非常偏远
的地方。此时的苏轼已经年近六十，要从大宋最北方的定州前往广西
英州，一路的艰辛可想而知。

苏轼准备通过水路前往英州，但在一路上，他又不断收到诏书，
官职一降再降。当他到达安徽当涂时又接到了新的命令：由英州知州
降为宁远军节度使，惠州安置，不得签署公事。这又是一个没有实权
的官职，苏轼也再一次成了一个"罪臣"。苏轼感慨丛生，一贬再贬

的现实情况也让他明白，自己的命运已经发生了重大转折。

在此之前，苏轼的夫人王闰之因病去世。性格温和、贤惠知礼的她曾伴随苏轼走过了二十五年的时光。其间，她跟随苏轼四处辗转奔波，经历了种种酸甜苦辣却从无怨言。苏轼在写给王闰之的祭文中写道："妇职既修，母仪甚敦。三子如一，爱出于天。"苏轼的这番评价表达了对夫人的怀念和赞美。

王闰之去世后，整日陪伴在苏轼身边的就只有朝云了。在前往惠州之前，苏轼做了一个决定，不再让全家人一起跟随他去惠州。他让次子苏迨带领着家人去江苏宜兴投靠长子苏迈生活，自己带着朝云和三子苏过前往惠州。

在经历了长达六个月的坎坷奔波后，苏轼终于来到了惠州。苏轼成了被贬谪大庾岭以南的第一人。这里环境险恶，多生瘟疫，朝廷的意思就是让苏轼不要再回来了。

苏轼来到惠州，对眼前的一切都感到新奇，他见到了许多以前不曾见识过的风俗人情，这让他喜出望外。苏轼虽然官职低微，但文坛领袖的地位和个人的魅力让他在所到之处大受欢迎。惠州当地的官员对苏轼照顾有加，当地的百姓也对苏轼一家非常友善。太守詹范更是以礼相待，在生活上处处为苏轼提供便利。他安排苏轼一家住在合江楼，从楼上向外望去便是风景宜人、物产丰富的罗浮山，罗浮山也成了苏轼日后经常游览的地方。

苏轼无官一身轻，他再次活成了一个自在的闲人。苏轼感叹"岭南万户皆春色"，并十分喜爱这里的水果特产。一次在游览罗浮山的时候他便有感而发，写下了那首著名的《食荔枝》："罗浮山下四时春，卢橘杨梅次第新。日啖荔枝三百颗，不辞长作岭南人。"这位大文豪不仅不觉得被贬惠州是一种灾难，反而非常享受此时的生活，甚至想"长作岭南人"了。

苏轼曾经在惠州嘉祐寺暂住过一段时间，他在寺内研习佛法，整日在寺院清静之地倒也自在，于是写了一首小诗："白头萧散满霜风，小阁藤床寄病容。报道先生春睡美，道人轻打五更钟。"这首诗很快就被送到了宰相章惇面前，章惇心生不悦，心想苏轼被贬惠州，居然还活得这么惬意。这也为苏轼后来再遭贬谪埋下了伏笔。

苏轼到哪里都不会感到寂寞。一方面他身边总会有一群追随者、崇拜者，在惠州安定下来后，外地的亲友朋友开始与他有书信来往，有人还到惠州看望苏轼，给苏轼送来各种礼物。另一方面，苏轼自己也不缺少乐趣，他经常有一些别出心裁的发明。例如，他在给弟弟苏辙的信中就隆重介绍了自己发明的"炭烤羊脊骨"：

"惠州市井寥落，然犹日杀一羊，不敢与仕者争。买时，嘱屠者买其脊骨耳。骨间亦有微肉，熟煮热漉出。不乘热出，则抱水不干。渍酒中，点薄盐炙微燋食之。终日抉剔，得铢两于肯綮之间，意甚喜之，如食蟹螯。"

苏轼在信中说惠州是个小地方，街上每天只能杀一只羊，他不能跟当官的人抢羊肉，就告诉卖肉的人把羊脊骨留给自己。羊脊骨上还有一些小肉，回家把它煮熟，然后在上面撒上些酒和盐，放在火上烤，等它稍微烤焦时就可以吃了。慢慢剔除羊脊骨上的肉，吃起来像螃蟹的味道。苏轼对于自己的发明非常得意。他在惠州还发现这里的人喜欢自己酿酒，他尤其喜欢这里的一种桂酒，将其赞为"人间仙露"。苏轼也亲自酿酒，还写了《东皋子传》《松醪赋》《酒颂》等好几篇与酒有关的文章。

在惠州时，苏轼虽然不在其位，却处处为百姓谋福利。宋哲宗绍圣三年（1096年），博罗（惠州的城镇）曾经遭遇过一次大火，几乎将整个城镇焚毁，苏轼看到百姓们流离失所十分痛心。他想到衙门也已经焚毁，如果官府要重建，必然要搜刮民间物资，这样百姓的日子会更加难过。他写信给程之才（程之才与苏家有宿怨，所以被章惇任命为广南东路提刑，特意派来督查苏轼），建议官府到市场上购买重建物资。如果放任官府搜刮民财，则"害民又甚于火灾"，程之才看到信之后立即采纳了苏轼的建议。

惠州与广州近在咫尺，苏轼听说广州有瘟疫流行，就写信给他的朋友王古，建议他在广州筹措资金，设立公立医院为百姓治病，这和苏轼当年在杭州所采取的方法是一样的。抗疫防病，拥有清洁的水源是前提。广州城内的水井不多，民众根本不够用，但是在城外七里有一处清冽的泉水，且地势比广州城高出很多。

苏轼将自己多年前得到的一整套引水施工的方案告诉了王古，建议他用大竹子做成的水管将泉水引到城中供居民饮用。广东竹材很多，施工材料并非难事，苏轼还对这种水管的制作细节和定期检修等事宜描述得十分详细。王古用苏轼的方法果然成功将山泉水引到城中，造福了广州城内的百姓。

诗词欣赏

满庭芳·蜗角虚名

苏轼

蜗角虚名，蝇头微利，算来著甚干忙。事皆前定，谁弱又谁强。且趁闲身未老，尽放我、些子疏狂。百年里，浑教是醉，三万六千场。

思量。能几许，忧愁风雨，一半相妨，又何须，抵死说短论长。幸对清风皓月，苔茵展、云幕高张。江南好，千钟美酒，一曲满庭芳。

赏析

这首词创作的具体年份已不可考，但可以肯定的是创作于苏轼人生的中晚期，是作者经历了朝廷党争和被贬外放的遭遇后对人生和现实的思考。苏轼的精神层次总是能够超脱常人，在对现实不如意的讽刺之后，所展现的达观与潇洒令人赞叹。

词的上阕以议论发端，对世间蝇营狗苟、钻营名利的芸芸众生展开了辛辣的嘲讽。在苏轼看来，万事都是提前注定了的，本没有强弱之分，所以不如趁着还没有老去的时候尽情享受生活。

下阕自叙中夹杂着议论。苏轼感叹人世间的忧愁和风雨几乎占去了一半时间，所以完全没有必要在生死面前说长道短的。"幸对清风皓月，苔茵展、云幕高张"一句则笔锋一转，突出了苏轼乐观旷达的心境。是啊，幸好有无穷无尽的清风明月、苔茵云幕相伴，在江南还是尽情饮酒，唱一曲《满庭芳》吧！

苏轼屡屡在政治漩涡中失意，但乐天派的他却总是能找到解脱的方法。他对人生的议论超出了对普通名利的追求，在自己的精神世界找到一片安心之所。追名逐利者心怀戚戚，安贫乐道者洒脱坦荡，这就是苏轼带给人们的心灵上的财富。

朝云辞世，芳魂一缕随风去

王朝云自从十二岁进入苏家之后便跟随苏家人一起生活，她经历了苏轼人生的大起大落，既有贬谪黄州时的失意落寞，也有仕途得意时的风光无限。如今，朝云又跟随着苏轼万里迢迢来到了惠州生活。

朝云从小就感激苏家人的恩遇，她向来活泼、聪明，俨然成了苏轼的贤内助。朝云敬仰苏轼的人品，爱慕苏轼的才学，她希望自己的精神世界也能与苏轼相通。随着时间的流逝，苏轼也越来越觉得朝云的确是自己的红颜知己。

苏轼和王朝云曾经生过一个孩子，取名苏遁，可惜孩子很小的时候就夭折了，朝云也因此不似以前那么活泼开朗了。

在惠州，苏轼和朝云一起参禅礼佛，悟道煎药，苏轼给朝云取了一个爱称，叫作"天女维摩"，意思是纯洁无瑕的女子。苏轼还写过一首诗来形容朝云：

> 不似杨枝别乐天，恰如通德伴伶玄。
>
> 阿奴络秀不同老，天女维摩总解禅。
>
> 经卷药炉新活计，舞衫歌扇旧因缘。
>
> 丹成逐我三山去，不作巫阳云雨仙。

　　苏轼诗中的意思是朝云不像白居易的侍妾那样在白居易年老时离开了他，而是个重情重义的女子，始终陪在自己身边。如今整日修佛大有进步，念经煎药是家常便饭。也许有一天修炼得道之后就会向我告辞，不会再被尘世间的纷扰所羁绊了。

　　朝云整日除了照顾苏轼的饮食起居就是礼佛学道，生活也算安定惬意。在惠州期间，她经常为苏轼吟唱《蝶恋花》这首词。有一次，当她唱到"枝上柳绵吹又少，天涯何处无芳草"的时候，因想起往事，一时伤心落泪。苏轼见朝云如此伤心，一时不忍，说应该废掉此词，从那以后朝云再也没有唱过这首词。

　　绍圣二年（1095 年），朝廷有一次大赦，但元祐党人并不在大赦范围内。这原本是个不好的消息，但苏轼却觉得这让他非常心安。他不再想牵扯进朝廷的是是非非，不妨"长作岭南人"，终老此地，所以他开始谋划着盖一座自己的房子来居住。第二年，苏轼在惠州的房子开始建造了。作为全才的苏轼亲自设计房子的布局、样式，连房子周围的植物、道路他都精心安排，他还为主要的房间、厅堂命名，取名为"思无邪斋""德有邻堂"。

　　苏轼期盼着与惠州的百姓、自己的家人还有相伴多年的红颜知己朝云共同在这里生活下去。但让苏轼极为痛心的事情还是发生了。惠州原本就是岭南瘴疠之地，瘟气甚重，朝云不幸染上了瘟疫，没过多久就去世了，这一年是绍圣二年（1095年）。朝云的辞世对苏轼来说是一个沉重的打击，苏轼再无知音伴侣，他对朝云的爱意此后只能寄托在诗文上了。

按照朝云的心愿，苏轼将她安葬在城西距离寺院不远的小山上，并亲自题写了墓志铭。寺院的僧侣在朝云的墓旁建了"六如亭"，苏轼为朝云题写了一副情意深长的对联："不合时宜，唯有朝云能识我；独弹古调，每逢暮雨倍思卿。"朝云去世不久，苏轼又写过一首《悼朝云》，诗中提到朝云也许是去了极乐世界，她的坟墓距离佛塔那么近，也许以后她可以经常去听寺庙诵经了。

朝云去世后，苏轼没有再娶妻。这一时间，他精心建造的房子也终于竣工了。苏轼原想在惠州度过余生，但是他不知道自己未来的命运安排。绍圣四年（1097年），苏轼再一次接到了朝廷贬谪的命令，这一次的地点是儋州。

诗词欣赏

蝶恋花·春景

苏轼

　　花褪残红青杏小。燕子飞时，绿水人家绕。枝上柳绵吹又少。天涯何处无芳草。

　　墙里秋千墙外道。墙外行人，墙里佳人笑。笑渐不闻声渐悄。多情却被无情恼。

赏析

这是一首描写暮春景色的小词。由于王朝云在苏轼被贬惠州期间经常吟唱此词，通常认为作品创作于同一时期。词中描绘了清新秀丽的春色并构思了一个"多情却被无情恼"的故事，显得情趣盎然、韵味悠长。

词的上阕用寥寥几笔勾勒出了一幅充满诗情画意的乡村美景：杏树花枝上褪去了残败的花瓣，长出了幼小的杏子。燕子飞来，绿水绕着村舍流淌。枝头上的柳絮被春风吹向远方，越来越少了，放眼望去，到处都是青青的草地。"燕子飞时，绿水人家绕"一句以动写静，为这幅美景增添了几许灵动的神韵。

下阕作者将春景隐藏，着重刻画墙头秋千和墙里佳人清脆的笑声。读者眼前仿佛出现这样一幅画面：一墙之隔，墙外的行人听到墙内有一位佳人在秋千架上欢声笑语。过了许久，墙内的笑声逐渐消失，行人倍感失落，仿佛是被无情地抛弃了……

　　这首词写景清新婉丽，写人妙趣横生，春景与景中之人共同营造了一个美好又略带伤感的画面。尤其"枝上柳绵吹又少"的细致入微，"多情却被无情恼"那种刹那间的单相思，让这首小词带有淡淡的哀伤之美。这首词也因此流传甚广。

远配南荒，东坡不幸海南幸

　　苏轼在惠州生活了三年多，一纸诏书又被贬到了海南儋州。宋朝时期的海南岛是蛮荒未开化之地，自然环境恶劣，与中原地区相比十分落后。苏轼的挂职是"琼州别驾"，表面意思是当地知州的佐官，实则没有任何权力，也不得参与政务。

　　将苏轼发配到儋州，朝廷的意图很明确了，就是让他终老海岛。苏轼心里也很明白，这一次"垂老投荒，无复生还之望"，但是他对于自己的未来非常冷静，计划在海南为自己做好棺材，找好墓地。这一次，苏轼只带着三子苏过前往海南。此时的苏辙也遭贬谪，来到了雷州。

　　海南虽然被宋朝管辖，但当地民族复杂，主体是黎人，只有靠近琼州海峡的沿岸地区有一些汉人生活，当地社会很难治理。海南气候潮湿，高温多雨，各种虫类甚多，在常人看来这并不是一个适宜居住的地方。苏轼前往海南面临的考验是非常大的。但是苏轼对于自己的遭遇并不忧虑，是非常豁达的。他在一首诗中写道："天其以我为箕子，要使此意留要荒。他年谁作舆地志，海南万里真吾乡。"意思是说，上天要让我像箕子一样来到蛮荒之地，实则有重大使命。如果以后谁要写这里的历史，一定要记载一下，万里海南就是我的家乡。

绍圣四年（1097年）七月，苏轼父子到达了海南儋州。一位名叫张中的官员非常崇拜苏轼，他安排苏轼父子住在了一间破旧的官舍中，并与苏轼父子成了朋友，经常为他们提供方便。朝廷得知苏轼在儋州住在官舍里，就派人将他们父子赶了出去。苏轼并不在意，再次发挥他的建造才能，利用海南当地的建筑材料，建造了几间茅屋居住。建造期间总是缺少各种物资，当地的百姓就会给他送来并帮他建造。苏轼每到一处，都能与当地民众保持非常好的关系。这次苏轼决定常住儋州了，找到这么一个与世隔绝的世外仙源修身养性，也是一个不错的选择。

在儋州，苏轼的物质生活非常匮乏，但他的精神世界永远是富足的。没有书可以读他便抄书，闲来无事给《尚书》做注释，闲暇之余和遍陶渊明诗作。苏轼觉得，只要能安然闲适，已经是莫大的福气了。在他的《谪居三首》当中，还将"晨起梳头""午间小睡""晚上洗脚"比作他发现的三大乐趣，足见苏轼在任何环境中都能有超然旷达的人生境界。

苏轼在海南与当地人相处得十分融洽，他每天与人谈天说地，不论对方是什么身份，他都可以席地而坐，轻松自在。他与海南当地的百姓在一起也发生了许多有趣的故事。

一次，苏轼发现海南很多人生活中经常饮用不干净的河水，很容易生病，为了帮人们解决这一问题，他就指挥当地民众一起打了一口水井。井中涌出清澈甘甜的地下水。民众感念苏轼的恩德，就将这口井命名为"东坡井"。还有一次遇到了一个大雨天，苏轼在路上没办法回家，就向当地的百姓借来了蓑衣和斗笠遮雨。路上的狗看见苏轼这身奇怪的装扮叫个不停，百姓们都出来看苏轼。有人据此事画了一幅《东坡笠屐图》，苏轼看到后笑着题写下："人所笑也，犬所吠也，笑亦怪也"。此后，人们便称这种斗笠为"东坡笠"。

当时，海南的农业发展还处于很落后的局面，苏轼看到人们的劳作方式有许多需要改进的地方，就将中原地区的农耕方式、作物种植等农业经验传授给儋州百姓，当地百姓无不感激。

海南黎人众多，他们大多不识字，与汉人语言不通。他们生活在密林之中，与汉族人的相处并不融洽，且经常发生冲突。海南的许多物资都需要从中原地区运来，黎人为了采买物资不得不与汉族人交易，有时候发生了不愉快或者受到汉人的欺负，他们就会把汉人抓到密林中，除非官府用钱来赎人才会释放。苏轼看到这些情景非常不满，他在海南力主黎汉和谐相处，认为只有天下一家，才能让海南岛更加繁荣，然而这种局面不是那么容易就能改变的。

海南居民非常迷信，因为他们医术有限，每当生了重病，就通过杀牛祭神的方式祈求上天保佑除去疾病，这种愚昧的做法显然是没有效果的。苏轼看了非常痛心，苦口婆心劝当地人爱惜耕牛。他想改变这一风俗，但是非常困难，他只能做一些力所能及的事情，用自己学得的医术为当地人治疗一些小病。

苏轼对海南最大的贡献莫过于在此地办学。他发现当地人大多不读书、不识字，民智尚未开化，认为长此以往，海南只能长期落后于内陆，这对海南的发展是极为不利的。于是他利用自己的影响力与当地的读书人交往，向他们讲学授业。随着苏轼在海南影响力越来越大，学子们纷纷前来求学，许多人都成了苏轼的门生。

姜唐佐是海南一名学子，慕名来找苏轼求学，临别时苏轼给他题写了两句诗："沧海何尝断地脉，朱崖从此破天荒"。苏轼在海南讲学明道，当地对于教育也越来越重视，后来有一位叫符确的读书人成为海南历史上第一个进士。海南读书之风盛行，实则始于苏轼，苏轼对于海南的发展影响十分深远。

海南东坡书院

诗词欣赏

行香子·述怀

苏轼

清夜无尘。月色如银。酒斟时、须满十分。浮名浮利，虚苦劳神。叹隙中驹，石中火，梦中身。

虽抱文章，开口谁亲。且陶陶、乐尽天真。几时归去，作个闲人。对一张琴，一壶酒，一溪云。

赏析

这首词创作于苏轼人生的中晚期，词人经历了人生中的几次大起大落，对俗世名利早已看淡，作品在抒发人生感慨和现实烦恼的同时，表达了渴望归隐的心愿。

此词抒情中夹杂议论，开篇便将抒情的环境呈现在读者面前：夜色没有一丝纤尘，月光清朗如银。"酒斟时、须满十分"一句则让人联想到这样一幅场景：月夜静谧，词人身披月辉，环视四周美景，喃喃自语道此情此景饮酒一定要尽兴才好。

而在刻画了抒情的环境后，词人又展开了议论：世间名利是虚无缥缈的，不必劳神费力过分追逐。人的一生就像快马越过岩缝、石头碰出的火花、梦境中虚无的形象那样短暂。"隙中驹，石中火，梦中身"是古籍中常用的比喻，词人用在上阕的末尾，切题的同时也增加了词作的音韵美。

词的下阕重在抒情，苏轼感叹自己虽然有满腹才学，却不能得到重用，还不如忘记烦恼，享受当

下的快乐。如果有一天能够归隐田园，每天弹琴饮酒，笑看流云，那该是多么惬意的生活啊！

苏轼的这首词将他乐天派的本性展现无余，他本身是一个矛盾的人，既想得到重用建功立业，又在失意之后消极逃避。作者对人生有着理性的思考，但在面对现实烦恼时又如此洒脱，也许"且陶陶、乐尽天真"就是苏轼在多次逆境中解救自己的秘诀吧！

离岛北归，
依依惜别

宋哲宗元符三年（1100 年），朝廷又发生了一件惊天动地的大事，年仅二十五岁的宋哲宗驾崩了。宋哲宗从小身体就不好，加之经历了丧子之痛，竟然一病不起去世了。宋哲宗并无子嗣继承皇位，根据向太后的主张拥立宋哲宗的弟弟赵佶为帝，这就是历史上大名鼎鼎的宋徽宗。

宋徽宗原为端王，他酷爱艺术，尤其在绘画、书法领域造诣很高。他的花鸟画向来被公认为绘画珍品，他所创制的"瘦金体"书法自成一家，对后世书法影响颇深。宋徽宗对于政治并没有表现出极大的热情，由于他对艺术情有独钟，常与同样精通书画的蔡京交流。蔡京是个善于投机的权臣，曾先后投靠在保守派和变法派当中，徽宗即位后逐渐得到重用。

当朝首相章惇最初并不支持拥立端王为皇帝，甚至出言"端王轻佻，不可君临天下"。在为宋哲宗举行国葬的过程中遇到大雨，灵车陷在泥泞的路上一整夜才出来，言官弹劾章惇对先帝不敬，宋徽宗就将他贬到了越州。后来不断有大臣弹劾章惇，这位当朝首相也遭遇了不断被贬的结局，最终被贬到雷州。

徽宗即位后，政治上准备继承父兄遗志，推行新法。徽宗即位后不久，朝廷推行了一次大赦，此时远在海南儋州的苏轼也被赦免，相继被调为廉州安置、舒州团练副使、永州安置等官职，后来又被提举为朝奉郎。这意味着苏轼的政治生涯又迎来了新的转机。

苏轼接到朝廷内调的诏书后内心并无过多惊喜，事实上他在海南生活了三年，早已把自己当成了陶渊明，经常在诗文当中咏叹海南这片洞天福地。苏轼在初到儋州的时候就已经准备好老死在这里，所以他全身心融入当地的生活，踏实地过着每一天的日子。他能够像当地的老农一样，腰间挂着酒葫芦，一路高歌着，欢庆丰收。同时他也能在自己的精神世界获得慰藉，诗文唱和，著述不断。苏轼早已把自己当作海南人，所以在诗中写道："我本海南民，寄生西蜀州。忽然跨海去，譬如事远游。"

在离别海南的时候，儋州百姓扶老携幼前来相送，苏轼与他们依依惜别。苏轼在海南三年，为这里的人们做了许多实事，他劝农耕、开水井、建学堂，力主黎汉一家，他是儋州文明的开创者和播种者。百姓们敬仰苏轼，苏轼对这片土地、这里的百姓也心存感激。

离开海南，苏轼的内心是十分复杂的，他写诗道："余生欲老海南村，帝遣巫阳招我魂。"苏轼对于海南的不舍，对于未来自己

政治生涯的不确定性感慨颇多。然而君命难违，苏轼于元符三年
（1100 年）六月二十日渡海北归。在海南的生活让苏轼对人生、宇
宙、自然都有了新的认识，同时俭朴的生活条件和漫长的岁月也给
苏轼的健康造成了危害，这位经历了各种苦难的大文豪又将长途奔
波，前往他生命的下一站。

诗词欣赏

六月二十日夜渡海

苏轼

参横斗转欲三更，苦雨终风也解晴。

云散月明谁点缀？天容海色本澄清。

空余鲁叟乘桴意，粗识轩辕奏乐声。

九死南荒吾不恨，兹游奇绝冠平生。

赏析

这首诗创作于宋哲宗元符三年（1100年）六月二十日夜里，苏轼从海南渡海北归的途中。诗人以六十五岁高龄，历经坎坷才得到朝廷重新起用，心情是十分复杂的。虽然此时的苏轼已经十分淡然地看待俗世的功名，但此番遇赦北归，他还是难掩内心的兴奋之情。

"参横斗转欲三更，苦雨终风也解晴。"此诗开篇描述了这样一幅场景：参星横转北斗，已经是三更时分，连绵不断的风雨也快要放晴了。一个"晴"字为整首诗奠定了感情基调。

"云散月明谁点缀？天容海色本澄清。"此二句则进一步刻画"晴"字，写景、抒情的同时，作者又发议论：阴云散去，皓月明朗，并不需要谁来点缀，长空洁净与大海一体本来就十分澄澈。

"空余鲁叟乘桴意，粗识轩辕奏乐声。"由五六句开始，作者转而写"海"，用海景来刻画作者此时的处境及复杂的心情：乘船渡海内心仍然怀

有孔子救世的抱负，但仿佛听到了黄帝当年演奏的乐声。

"九死南荒吾不恨，兹游奇绝冠平生。"在尾联中，作者袒露心声：我虽然被贬海南岛，即便是九死一生也不会有悔恨，这番奇妙的经历足以让我冠绝平生。此二句将苏轼达观的心境展现得淋漓尽致，韵味十足，至今仍然让人津津乐道。

苏轼的这首诗既表现了遇赦北还的兴奋，同时也不难看出他以平常心对待一切遭遇的人生哲学。这首诗之所以名闻天下原因有三：首先，它记述了这位大文豪的生平；其次，"云散月明谁点缀？天容海色本澄清"两句被世人公认是对海南风物的最佳吟咏；最后，尾联二句点出了苏轼自身的精神境界，让人们看到了他的旷达与豪放。

世事一场大梦，人生几度秋凉

　　苏轼得到朝廷诏令北归之前，他的一位老朋友吴复古来到儋州看望他。吴复古是一位神奇的道士，他年过九旬，与苏轼是莫逆之交，一生的足迹踏遍中国，苏轼曾经感叹自己与吴复古一样辗转于不同的地方，但自己总是被朝廷的命令所驱使，吴复古则是完全听从自己的内心，从不受命于他人，这也许是苏轼一生的遗憾了。

　　苏轼偕同老朋友吴复古、儿子苏过，还有一只在儋州养的取名为"乌嘴"的狗一起北归。苏轼所到之处，无不受到人们的热情接待。作为文坛领袖他早已被世人所敬仰，如今又得到朝廷诏命，很多人都认为宋徽宗要拜苏轼为宰相，所以大小官员对他倍加礼遇。

　　宋徽宗于即位后的第二年将年号改为了建中靖国，新的年号体现了他的治国主张。他目睹了朝廷内新旧两党的党争造成的不良局面，决定在推行变法的过程中，同时起用熙丰党人和元祐党人，以达到一种政治上的平衡，同时也能保证朝廷的长治久安。

古代交通是十分不便的，苏轼一行人辗转各处，又和家人团聚了一小段时间，直到建中靖国元年（1101 年）一月才到达大庾岭。被贬的官员返回大庾岭以北，这在当时简直就是奇迹。苏轼的北归可以说举国轰动。

苏轼以年迈之躯北返，终于在这一年五月到达金陵。这时候他收到了弟弟苏辙的来信。苏辙让他带着全家三十多口人一起去颍昌（今河南许昌）一同生活，这样也能实现他们"同归林下，夜雨对床"的心愿。苏轼也有这个想法，但又想到苏辙家境也不富裕，自己拖家带口这么多人前去，一定会给他造成很大的经济压力，所以也有一些犹豫。然而此时向太后不幸去世，熙丰党人中的曾布掌握了大权，他开始酝酿召回蔡京等人，很有可能恢复绍圣年间的政策。这让苏轼感到一种不安的政治意味。由于颍昌临近京畿，苏轼不愿意住在那里，准备前往风景秀美的常州安度晚年。

苏轼在路上见到了著名的画家李公麟，他为苏轼画了一张画像。苏轼见到后心无波澜，还在画像上题写了一首自嘲诗作："心似已灰之木，身如不系之舟。问汝平生功业，黄州惠州儋州。"从这首诗中可以看到，苏轼此时早已没有了年轻时治国平天下的激情，他对自己的一生进行了总结，自己停留时间最长、最让他刻骨铭心的地点都是遭受贬谪的经历，不禁让人慨然长叹。

苏轼乘船前往常州的路上正值酷暑，原本已经是风烛残年的他经历了各种辗转奔波，早已身染重病，身体十分虚弱。他吃了些补气的黄芪汤后觉得好了一些。但是船上毕竟不能安心静养，苏轼预感自己将不久于人世。

苏轼拖着病体前往常州，所到之处人们争相拜望，运河两岸处处是前来瞻仰苏轼的学子和百姓。不过苏轼却以"看杀卫玠"的故事自嘲道："百姓们是想看杀老夫吗？"

苏轼此次从海外归来，早已风传他将在朝廷中担任要职，这令许多人内心不安。其中，就有苏轼的学生章援。他写信给苏轼，说明了父亲章惇此时已经被贬雷州，由于父亲章惇曾经迫害过苏轼，自己作为门下学生也不敢前来拜望。同时他又表达了如果苏轼在朝中担任要职辅佐皇帝，一句话就能决定他人的性命，希望自己的恩师不要报复父亲章惇。苏轼看到信之后明白章援是在为章惇求情，立刻给章援写了回信："轼与丞相定交四十余年，虽中间出处稍异，交情固无所增损也。闻其高年寄迹海隅，此怀可知，但已往者更说何益，惟论其未然者而已。"

苏轼在这封信中把晚年迫害自己的政敌章惇认成了有四十多年交情的老朋友，两个人虽然有一些分歧，但是交情并没有受到影响。苏轼听说章惇晚年被贬到雷州，心情很不好，他感同身受。以前的事情没有必要再提了，眼光放长远面向未来就可以了。这封信让章惇十分悔恨自己过去对苏轼所做的一切，也展现了苏轼博大的胸怀和人生境界。

苏轼一行人在六月中旬终于到达了常州家中，在这期间他的病情时好时坏，休养一段时日之后，病情才逐渐好转，家人和朋友都为此感到高兴。然而，到了七月十四日晚上，苏轼的病情突然恶化，高烧不退且其他病症也相继出现。事实上，这并不是苏轼突然患病，而是多年的艰难苦恨、风刀霜剑摧残所致。重病缠身的苏轼服用各种药石，都不见效。十八日，苏轼将三个儿子叫到床前，他清楚自己很难挺过这一关了，就向儿子交代了后事。他坦然地说："吾生不恶，死必不坠，慎无哭泣以怛化。"苏轼还将自己为《论语》《尚书》《易经》所作的注解手稿托付给朋友钱济明，让他三十年之后拿出来，世人会非常重视。

十日之后，苏轼在弥留之际用轻微的意识看见自己的老朋友惟琳长老来看望他。惟琳知道苏轼已是回光返照，在耳边对他说："端明宜勿忘西方。"苏轼低声说："西方不无，但个里着力不得。"苏轼的朋友钱济明此时也在他身边，说道："先生平时履践至此，更须着力。"苏轼的回答是："着力即差。"说完，一代文坛巨星溘然长逝。

苏轼最后的话实则表明了自己的人生观，他认为平日修行心存善念即可，却不必在临死前向往着去西方极乐之地。他认为生死本是自然而然的事情，人力是不可违抗的，只要在过去生活过的每一天用心去感受、去践行、去把握，人的一生就不会有什么遗憾了。就像他在自己文章中所写的一样："吾善养吾浩然之气。不依形而立，不恃力而行，不待生而存，不随死而亡者矣！故在天为星辰，在地为河岳，幽则为鬼神，而明则复为人。"

宋徽宗建中靖国元年（1101年）七月二十八日，中国历史上著名的文学家、书画家苏轼病逝于江苏常州，享年六十四岁。

苏轼的一生历经仕途上的大起大落，足迹踏遍中国大地，他以非凡的才情和鲜明的个性为后世留下了无穷无尽的宝贵财富。苏东坡的智慧与才华流传千年，不断影响着当下的人们。就像被评价的那样：苏东坡是人间不可无一、难能有二的。每当我们提起苏东坡，内心总是会升起一股敬意、一阵感动，甚至是一种洒脱，因为苏东坡是中国人永远的知己！

参考文献

[1] 白落梅 . 几时归去作个闲人：苏东坡传 [M]. 长沙：湖南文艺出版社，2020.

[2] 曾枣庄，舒大刚 . 苏东坡全集（二、三）[M]. 北京：中华书局，2021.

[3] 陈明福 . 苏东坡大传 [M]. 北京：中国文史出版社，2020.

[4] 陈如江 . 一蓑烟雨任平生·东坡词 [M]. 北京：人民文学出版社，2017.

[5] 东篱子 . 苏轼诗词全鉴 [M]. 北京：中国纺织出版社，2018.

[6] 贺新辉 . 全宋词鉴赏词典 [M]. 北京：中国妇女出版社，1996.

[7] 纪云裳 . 苏东坡传：我只是个有趣的凡人 [M]. 南京：江苏凤凰文艺出版社，2020.

[8] 康震 . 康震评说苏东坡 [M]. 北京：中华书局，2008.

[9] 林语堂 . 苏东坡传 [M]. 长沙：湖南文艺出版社，2018.

[10] 刘小川 . 苏东坡传：一蓑烟雨任平生 [M]. 长春：时代文艺出版社，2020.

[11] 卢家明 . 词林别裁（上）[M]. 北京：中华书局，2019.

[12] 潘殊闲，张志烈 . 苏轼传 [M]. 北京：天地出版社，2021.

[13] 申东城 . 巴蜀文学 [M]. 武汉：武汉大学出版社，2014.

[14] 史钧 . 呵呵：中国顽童苏东坡 [M]. 北京：国际文化出版公司，2019.

[15] 苏轼 . 东坡志林 [M]. 北京：北京理工大学出版社，2017.

[16] 苏轼 . 苏轼词集 [M]. 上海：上海古籍出版社，2015.

[17] 陶文鹏 . 一蓑烟雨任平生 [M]. 郑州：河南文艺出版社，2017.

[18] 天人 . 唐宋词名篇鉴赏辞典 [M]. 呼和浩特：内蒙古人民出版社，2003.

[19] 王水照，崔铭 . 苏轼传 [M]. 北京：人民文学出版社，2018.

[20] 王水照 . 苏轼诗词文选评 [M]. 上海：上海古籍出版社，2022.

[21] 徐成祖 . 宋词格律鉴赏 [M]. 北京：中国文史出版社，2016.

[22] 徐培均 . 苏轼诗词选 [M]. 济南：山东大学出版社，1999.

[23] 徐培均 . 苏轼诗词选注 [M]. 上海：上海远东出版社，2011.

[24] 张春林 . 苏轼全集（上）[M]. 北京：中国文史出版社，1999.

[25] 张国瑞，邓旻玥 . 苏轼传 [M]. 南京：江苏人民出版社，2018.

[26] 蔡照波 . 从苏轼岭南诗看其出世与入世思想的一致性 [J]. 岭南文史，2012（3）：54-59.

[27] 陈雄 . 苏轼老妻王闰之 [J]. 文史月刊，2010（8）:28-29.

[28] 孙南 . 论苏轼的自我形象：以苏词为例 [J]. 学理论，2011（25）：86-87.

[29] 王毅 . 论苏氏文学家庭 [J]. 中国文学研究，2007（1）：63-66.

[30] 吴永祥 . 苏轼"后六客会"时间再考 [J]. 书屋，2021（07）：93-94.

[31] 杨少涵 ."文坛大家"苏轼与"理学宗师"程颐竟因哲学问题产生矛盾 [N]. 光明日报，2018-2-11.

[32] 张琦 . 苏轼和他的堂妹小二娘 [J]. 北方文学，2014（1）：178.